DIE FRIEDLICHE REVOLUTION

JENS SCHÖNE

DIE FRIEDLICHE REVOLUTION

BERLIN 1989/90 – DER WEG
ZUR DEUTSCHEN EINHEIT

BERLIN STORY VERLAG

IMPRESSUM

Deutsche Nationalbibliothek – CIP Einheitsaufnahme

Schöne, Jens:
Die Friedliche Revolution –
Berlin 1989/90 – Der Weg zur deutschen Einheit
1. Auflage – Berlin: Berlin Story Verlag 2008
ISBN 13: 978-3-929829-97-6

Unter den Linden 26, 10117 Berlin
Tel.: (030) 20 45 38 42
Fax: (030) 20 45 38 41
www.BerlinStory.de, E-Mail: Service@BerlinStory.de
Gestaltungsentwurf: Till Kaposty-Bliss
Umschlag und Satz: Norman Bösch

FRIEDLICHE-REVOLUTION.BERLINSTORY.DE

INHALT

PROLOG

DER TAG DER REPUBLIK

Auf dem Alexanderplatz herrschte Volksfeststimmung. Tausende Menschen scharten sich um Bratwurstbuden, kauften Handwerkskunst aus dem Erzgebirge oder erfreuten sich an musikalischen Darbietungen. Das war fast im gesamten Stadtgebiet Ost-Berlins so, denn es gab etwas zu feiern. Man schrieb den 7. Oktober 1989, und die Deutsche Demokratische Republik, kurz DDR, wurde vierzig Jahre alt.

Doch die Freude war nicht ungetrübt. In den vergangenen Monaten hatten zehntausende Einwohner das Land verlassen, ihrem bisherigen Leben den Rücken gekehrt und sich auf oftmals abenteuerliche Weise auf den Weg in Richtung Bundesrepublik gemacht. Die Bilder der überfüllten Botschaften in Prag und Warschau waren allen geläufig. Anfang Oktober hatte es in Dresden bürgerkriegsähnliche Auseinandersetzungen gegeben, als zahllose Jugendliche versuchten, auf jene Züge zu gelangen, die mit den Botschaftsflüchtlingen unterwegs in die Bundesrepublik waren. Die politische Führung der DDR hatte darauf bestanden, dass die Züge über das Territorium des eigenen Landes fahren müssten – spätestens in Dresden dürfte sie diesen Beschluss bereut haben. Über mehrere Abende hinweg kam es zu Straßenschlachten, Autos brannten und die Zahl der Verhafteten stieg unaufhörlich an. Von Geburtstagsidylle fand sich hier keine Spur.

Da sich die Probleme auch anderweitig häuften, hatte das Ministerium für Staatssicherheit (MfS) im Vorfeld des

< 7. Oktober 1989, 40 Jahre DDR. Offiziell ist Jubelstimmung verordnet, doch auf den Straßen formiert sich Protest.

7. Oktober von ihren Berliner Kreisdienststellen genaue Analysen zu den Vorgängen in den jeweiligen Stadtbezirken angefordert und ein Urteil darüber gewünscht, mit welchen Problemen im Zusammenhang mit dem Staatsjubiläum zu rechnen sei. Beflissentlich meldeten die Dienststellen ihre Befunde an die Zentrale und kamen nahezu einheitlich zu dem gleichen Ergebnis. Wie immer schon gäbe es viel Widerstand gegen das herrschende System, man habe daher alle Hände voll zu tun, doch Grund zu besonderer Besorgnis bestehe nicht. Das sah die Führungsspitze um den greisen Minister Erich Mielke etwas anders: Um auf alle Eventualitäten vorbereitet zu sein, wurden detaillierte Maßnahmepläne ausgearbeitet, die in einem Punkt eindeutig waren: gegen jegliche »Provokateure« und sonstige Störenfriede sollte mit allen zur Verfügung stehenden Mitteln vorgegangen werden. Darüber hinaus wurden zahlreiche Schritte eingeleitet, die zur Stabilisierung der allgemeinen Lage beitragen sollten: unliebsame Einwohner wurden kurzfristig in die Bundesrepublik abgeschoben, die Inoffiziellen Mitarbeiter (IM) der Staatssicherheit zur Ausweitung ihrer Spitzeltätigkeit angespornt, Einreisen aus West-Berlin erheblich erschwert und »Personenkontrollen« bei jenen durchgeführt, die im politischen Sinne als unzuverlässig galten. Das Debakel von Dresden durfte sich unter keinen Umständen wiederholen,

^ *Nur bedingt willkommen: Michail Gorbatschow. Seine Politik stößt im offiziellen Ost-Berlin auf harsche Ablehnung.*

schon gar nicht in der Hauptstadt der DDR am vierzigsten Jahrestag des Landes.

Drastische Schritte schienen zunächst aber gar nicht nötig. Auch die politische Führung des Landes feierte in guter Laune. Die faktisch allein herrschende Sozialistische Einheitspartei Deutschlands (SED) inszenierte ein beeindruckendes Festprogramm. Etwa 100 000 Jugendliche zogen in einem Fackelzug am Abend des 6. Oktober durch die Innenstadt und versicherten der Partei ihre Treue. Unzählige Staatsgäste nahmen an den diversen Empfängen, Banketten und sonstigen Veranstaltungen teil. Ebenfalls am 6. Oktober war der sowjetische Staats- und Parteichef Michail Gorbatschow eingeflogen und hatte verbale Nettigkeiten verteilt. Zugleich zitierte er eine altbekannte Weisheit: Wer zu spät kommt, den bestraft das Leben. Von welcher Aktualität diese Bemerkung war, sollte sich schneller zeigen, als alle Beteiligten erwarteten.

Einen Höhepunkt der offiziellen Feierlichkeiten stellte der festliche Empfang dar, den Erich Honecker als Generalsekretär der SED wie auch als Vorsitzender des Staatsrates in den Abendstunden des 7. Oktober für »verdienstvolle Bürger« und ausländische Gäste im Palast der Republik gab. Am westlichen Ufer der Spree gelegen und auf dem Areal des zuvor gesprengten Stadtschlosses erbaut, repräsentierte das

^ *Mehr als 100 000 Jugendliche ziehen am Abend des 6. Oktober 1989 in einem Fackelzug durch die Innenstadt.*

pompöse Gebäude seit 1976 symbolträchtig den vermeintlichen Sieg des Sozialismus in der DDR. Und der hochbetagte Staatschef hatte an diesem Sieg nach wie vor keinen Zweifel, wie er auch seinen Gästen mitteilte:

»Nehmen Sie die Gewissheit mit nach Hause, dass unsere Republik auch im fünften Jahrzehnt ihrer Existenz ein bedeutender, zuverlässiger Friedensfaktor im Zentrum Europas sein wird. Unsere Freunde in aller Welt seien versichert, dass der Sozialismus auf deutschem Boden, in der Heimat von Marx und Engels auf unerschütterlichen Grundlagen steht. Ich bitte Sie, mit mir das Glas zu erheben…«[1]

Es dürfte das letzte Mal gewesen sein, dass Honecker so entspannt einen Trinkspruch ausgab. Denn ein Blick aus den Fenstern des Gebäudes hätte ihm mit aller Deutlichkeit gezeigt, dass die Stimmung auf der Straße inzwischen umgeschlagen war. Auf der anderen Spreeseite, vom Wasser und zahlreichen Polizeiketten abgeschirmt, standen mehrere tausend Menschen, verlangten energisch nach Reformen und Gewaltlosigkeit und skandierten jene Worte, die zum Sinnbild der Revolution werden sollten: »Wir sind das Volk!« Die allgemeine Unzufriedenheit über die bestehenden Ver-

1 Neues Deutschland. Zentralorgan der SED, 9. Oktober 1989, S. 7.

^ *Der Fackelzug wird als Treuebekenntnis zur DDR inszeniert. Doch diese Treue ist brüchig.*

hältnisse begann sich zu entladen, und diese Bewegung sollte fortan ständig an Kraft gewinnen.

Unmittelbarer Ausgangspunkt der Proteste waren einige Wenige. Am 7. Mai 1989 hatte es in der DDR Kommunalwahlen gegeben und deren Fälschung durch führende Partei- und Staatsfunktionäre war nicht zu übersehen. Das war nichts Neues, doch dieses Mal begehrte ein begrenzter Personenkreis fortdauernd auf. Am siebten Tag jeden Monats versammelten sie sich auf dem Alexanderplatz, um an den Wahlbetrug zu erinnern. Immer wieder hatte es in diesem Zusammenhang Verhaftungen gegeben, und dann kam der 7. Oktober, der Tag der Republik.

Als die Mitarbeiter der Staatssicherheit mit der üblichen Brutalität gegen die Protestierenden vorzugehen versuchten, regte sich auch unter den Besuchern des Volksfestes Unmut. Die Schwierigkeiten des alltäglichen Lebens in der DDR, die politische Stagnation und die daraus resultierende Frustration der Bevölkerung fanden hier ein Ventil. Der Mut einiger Aktivisten traf auf die bisher träge Masse der Unzufriedenen – die Folgen waren schlicht nicht mehr kalkulierbar. Alsbald setzte sich eine zunächst kleine Menschenmenge in Bewegung, die jedoch schnell anwuchs. Ziel war der Palast der Republik, in dem nicht nur der bereits erwähnte Empfang stattfand, sondern auch Gorbatschow vermutet wurde, auf dessen Reformpolitik im Zeichen von Perestroika (Umge-

^ *Am Abend des 7. Oktober 1989 eskalieren die Auseinandersetzungen mit der Bevölkerung. Der Staat greift hart durch.*

staltung) und Glasnost (Offenheit) viel Hoffnung ruhte. Die SED-Führung, seit Jahrzehnten an der Macht, hatte sich derartigen Überlegungen bisher konsequent verschlossen. Nun wollte die Bevölkerung zeigen, wo die Sympathien lagen. Am Palast angekommen, war die Menge bereits auf etwa 3000 Personen angewachsen und machte sich lautstark bemerkbar. Da die Brücken über die Spree von Volkspolizei und Staatssicherheit versperrt waren, drehte der Zug schließlich in Richtung Prenzlauer Berg ab.

Darauf hatten die Einsatzkräfte nur gewartet. Einmal aus dem Stadtzentrum verdrängt, sollte nun ein deutliches Zeichen gesetzt werden. Obwohl von Seiten der Protestierenden immer wieder »Keine Gewalt!« gefordert – und prinzipiell auch keine ausgeübt – wurde, schlug die Staatsmacht nun entsprechend der zuvor ausgearbeiteten Pläne brutal zu. Einzelne Gruppen wurden eingekesselt, von Schlagstöcken und Wasserwerfern malträtiert und rüde verhaftet. Mehrere hundert Personen teilten dieses Schicksal. Wie das konkret aussah, gab später eine Betroffene zu Protokoll:

»Ich erlebte, dass Menschen wahllos herausgegriffen und von zwei bis drei Uniformierten über die Straße geschleift und mit Schlagstöcken verprügelt wurden. Ich hörte nur noch Schmerzensschreie, die durch Befehle wie »Greifen!« durchbrochen wurden. Ich sah, wie ein älterer Mann vor meinen Augen an den Haaren gepackt und immer wieder mit dem Gesicht auf die Straße geschlagen wurde, von drei Uniformierten. ... Das Ganze dauerte etwa zwei bis drei Minuten, bis der Befehl »Alles festnehmen!« die Schreie übertönte.«[2]

Glaubten die Verhafteten, damit das Schlimmste überstanden zu haben, so stellte sich diese Annahme schnell als Irrtum heraus. Sie wurden auf Lastkraftwagen verladen, zu verschiedenen »Zuführungspunkten« im Stadtgebiet verbracht und erlebten dort die ganze Willkür des Regimes. Ähnliches sollte sich auch am folgenden Abend, bei aberma-

2 Gedächtnisprotokolle. Tage und Nächte nach dem 7. Oktober 1989, Berlin. Die mehr als 80 Seiten starke Dokumentation des Stadtjugendpfarramtes wurde am 23. Oktober der Öffentlichkeit vorgestellt. Kopie in: Bundesbeauftragte für die Unterlagen des Staatssicherheitsdienstes der ehemaligen DDR (BStU), HA XX/AKG, Nr. 6449.

ligen Protesten, wiederholen. Nachdem alle Zellen belegt waren, wurden bis zu 150 Menschen in einzelne Garagen gezwängt, mussten dort ohne Verpflegung und Toiletten bis zum nächsten Morgen ausharren oder standen gleich stundenlang im Nieselregen auf dem Hof – zum Teil mit dem Gesicht zur Wand. Jede Rechtsstaatlichkeit verlor an Bedeutung und auch die fragwürdigen Gesetze der DDR deckten das Vorgehen keinesfalls.

Der Tag der Republik war gründlich ins Wasser gefallen. Das galt umso mehr, als die Bevölkerung stärker als bisher mit den zumeist jugendlichen Demonstranten sympathisierte. Denn war die Aggressivität in Dresden noch von beiden Seiten ausgegangen, so hatten hier gewaltlos Protestierende die Brutalität der Staatsmacht zu spüren bekommen. Die offensichtliche Willkür der Aktionen zeigte zudem, dass es buchstäblich jeden treffen konnte. Den regimefreundlichen Medien freilich waren die Ereignisse nur wenige Zeilen wert, in denen die Rede von Zusammenrottungen von Randalierern unter dem Einfluss westlicher Medien war. Dass dies nicht der Realität entsprach, war nur all zu deutlich. In den vorangegangenen Monaten hatten sich Veränderungen angekündigt, doch geschehen war nur wenig. Das sollte sich alsbald grundlegend ändern. Alles schaute nun auf Leipzig, wo am 9. Oktober die nächste große Demonstration stattfinden würde.

Ohne Zweifel stellt der 7. Oktober 1989 also einen wichtigen Wendepunkt in der Geschichte der Friedlichen Revolution dar, zumal es auch in anderen Städten der DDR zu Unruhen gekommen war. Doch nirgends war die Konfrontation zwischen gewaltlos Protestierenden und gewaltbereiter Staatsmacht so unmittelbar, so brutal wie in Ost-Berlin. Das sollte Folgen haben.

Wie aber kam es überhaupt zu einer solchen Situation? Warum sah sich das SED-Regime gezwungen, derart kompromisslos gegen die eigene Bevölkerung vorzugehen? Und wie erklärt es sich, dass weniger als ein Jahr später die DDR bereits von der politischen Landkarte verschwunden war und ein einheitlicher deutscher Staat konstituiert werden konnte? Diese Fragen stehen im Mittelpunkt des vorliegenden Buches. Um sie zu beantworten, empfiehlt sich zunächst ein kurzer Blick in vierzig Jahre DDR-Geschichte.

14

AUFSTIEG UND NIEDERGANG

40 JAHRE DDR

DIE SOWJETISCHE BESATZUNGSZONE DEUTSCHLANDS (1945 BIS 1949)

Als der Zweite Weltkrieg am 8. Mai 1945 mit der Kapitulation der deutschen Wehrmacht sein offizielles Ende fand, lagen auch die Gebiete zwischen Elbe und Oder in Trümmern. Besonders hart hatte es Berlin getroffen, das als Ausgangspunkt des nationalsozialistischen Terrors ein vorrangiges militärisches Ziel der Kriegsgegner gewesen war.

Unter dem Eindruck der unmittelbaren Bedrohung hatte sich in den vorangegangenen Jahren eine Allianz gegen den Staat Hitlers gebildet, die eigentlich nur schwer vorstellbar war. Denn neben den USA, neben Frankreich und Großbritannien gehörte zu den Alliierten auch die Sowjetunion. Sie spielte eine gewichtige Rolle in der Weltpolitik, doch unterschied sie sich von ihren Bündnispartnern in einer grundlegenden Frage. Sie verstand sich als sozialistischer bzw. kommunistischer Staat, der es sich ausdrücklich auf die Fahnen geschrieben hatte, weltweit den Kapitalismus zu besiegen. Damit erhob sie unter Führung Stalins zugleich den Anspruch, auch in den mit ihr verbündeten Nationen die Gesellschaftsordnung fundamental zu verändern, ebendort Revolutionen anzuzetteln. Das spielte vorerst keine praktische Rolle, denn zunächst galt es, die von Deutschland ausgehende Aggression zu bannen. Doch als dies geschehen war, zeigten sich sehr schnell wachsende Gegensätze zwischen den bisher Verbündeten. Die daraus resultierenden Auseinandersetzungen entzündeten sich vor allem an der Frage, wie denn nun mit den militärisch eroberten Gebieten zu verfahren sei. Zwar hatten sich alle Alliierten auf einige

< Ideologische Leitfiguren der SED: Karl Marx und Friedrich Engels. Im Hintergrund der Palast der Republik.

Eckpunkte geeinigt, doch waren diese sehr allgemein formuliert. Zudem sollte jede Siegermacht in ihrer Besatzungszone frei über den weiteren Fortgang der Dinge entscheiden können. Und da die Sowjetunion einsehen musste, dass sie nur sehr wenig Einfluss auf die Entwicklung in der westlichen Hemisphäre ausüben konnte, ging sie daran, in den von ihr besetzten Gebieten konsequent das eigene Gesellschaftsmodell zu installieren.

Sie tat dies in ihrer, der Sowjetischen Besatzungszone (SBZ) umfassend und gegen jegliche Widerstände, ohne allerdings selbst allzu offen in Erscheinung treten zu wollen. Stattdessen sollte die Kommunistische Partei Deutschlands (KPD) dafür sorgen, dass den Zielstellungen auch in der Praxis Geltung verschafft wurde. Ihre Spitzenfunktionäre, allen voran Wilhelm Pieck und Walter Ulbricht, waren während der Kriegsjahre in Moskau geschult worden und hatten daher konkrete Vorstellungen, wie nun zu verfahren sei. Zwar wurden schon im Juni 1945 – früher als in jeder anderen Besatzungszone – verschiedene Parteien zugelassen, die gegenüber der KPD jedoch schon allein wegen mangelnder Unterstützung durch die sowjetischen Stellen in ihrer Arbeit benachteiligt wurden. Dennoch gelang es insbesondere der Sozialdemokratischen Partei (SPD), unter der Bevölkerung wachsende Zustimmung zu finden. Als sich dies für die KPD

^ *Auf der Potsdamer Konferenz einigten sich die Siegermächte im Sommer 1945 auf die Nachkriegsordnung Deutschlands.*

und ihre Ziele als zunehmend bedrohlich erwies, kam es auf Betreiben der sowjetischen Besatzungsmacht im April 1946 zu einer Zwangsvereinigung beider Parteien zur Sozialistischen Einheitspartei Deutschlands. Sozialdemokratische Einflüsse wurden jetzt stetig zurückgedrängt; die kommunistische Fraktion der Partei hatte fortan die Entscheidungsgewalt. Damit war jene Partei gegründet, die über vierzig Jahre hinweg faktisch die alleinige Macht ausüben sollte. Trotz der Existenz weiterer Parteien, Verbände und anderer Organisationen konnte in der SBZ bzw. der späteren DDR vom Pluralismus politischer Meinung oder gar Demokratie nicht die Rede sein.

Die Veränderungen, die sich aus dieser Konstellation für die Sowjetische Besatzungszone und ihre Bevölkerung ergaben, waren fundamental und betrafen nahezu jeden gesellschaftlichen Bereich. In den Städten wurden alle Großbetriebe sowie weite Teile des Mittelstandes verstaatlicht, in den Dörfern alle landwirtschaftlichen Güter mit mehr als 100 Hektar Fläche entschädigungslos enteignet und ihre Besitzer vertrieben. Die Verwaltungen wurden Schritt für Schritt mit kommunistischen Gefolgsleuten besetzt, Presse, Justiz und Schulwesen gleichgeschaltet. Vorbild war dabei das sowjetische Modell, begründet wurden die Maßnahmen hingegen mit der dringend notwendigen Entnazifizie-

^ *Auf Druck kommunistischer Kräfte werden die KPD und die SPD im April 1946 zur SED zwangsvereinigt.*

rung des öffentlichen Sektors. Regte sich gegen die ergriffenen Maßnahmen Widerstand, griff die Besatzungsmacht hart durch. Sie errichtete so genannte »Speziallager«, die ursprünglich der Internierung aktiver Nationalsozialisten dienten, in denen sich nun aber jeder wiederfinden konnte, der denunziert wurde oder auf sonstigem Weg in den Verdacht geraten war, den eingeschlagenen Kurs nicht zu teilen. Selbst die Führungsspitzen der zugelassenen Parteien, etwa der Christlich-Demokratischen Union Deutschlands (CDU) konnten sich ihrer Position nicht sicher sein. Folgten sie den Vorgaben von SED und sowjetischen Stellen nicht, wurden sie abgesetzt und durch politisch zuverlässige Personen ersetzt.

Diese Politik der konsequenten Veränderung überlieferter Strukturen bot jedoch auch Chancen. Selten zuvor waren die Aufstiegsmöglichkeiten des Einzelnen so groß. Dabei musste es keineswegs immer politischer Opportunismus sein, der die Menschen dazu bewegte, sich an den Maßnahmen zu beteiligen oder von ihnen zu profitieren. Die Übernahme eines (zuvor enteigneten) Stückes Land etwa sicherte unter den harten Nachkriegsbedingungen möglicherweise überhaupt erst das Überleben. Es ging mitunter um die nackte Existenz, und die daraus entstehenden Zwangslagen wussten die politischen Spitzenfunktionäre geschickt zu nutzen.

Doch schon bei den Kommunal- und Landtagswahlen des Jahres 1946 zeigte sich, dass es den kommunistischen Machthabern nicht gelungen war, für ihre Politik eine stabile Mehrheit zu erringen. Zwar wurden sie stärkste Kraft, doch blieben die Ergebnisse weit hinter den Erwartungen zurück – und dies trotz des bereits weitgehend gleichgeschalteten Parteiensystems. Wie groß die Probleme tatsächlich waren, zeigte sich in Berlin. Da auch die Hauptstadt in vier Besatzungszonen geteilt war, konnten hier alle Parteien offen gegeneinander antreten. Das Ergebnis war für die SED niederschmetternd. Sie errang weniger als die Hälfte jener Stimmen, die die SPD auf sich vereinigen konnte, und wurde hinter der CDU gar nur drittstärkste Kraft. Daraus lernte sie und ließ in ihrem Einflussbereich fortan keine freien, geheimen und gleichen Wahlen zu. Das sollte sich 1989 rächen.

Mit ihrer aggressiven Politik und ihrer Orientierung auf das sowjetische Modell setzte sich die SED immer stärker in Widerspruch zu den anderen Besatzungszonen. Als es auch zwischen den Westalliierten und der Sowjetunion zum endgültigen Bruch kam, nahm der Kalte Krieg seinen Lauf. Einen letzten Versuch, ihren Einflussbereich mit Gewalt zu erweitern, unternahm die Sowjetunion 1948 mit dem »Berlin-Ultimatum«. Ziel war es, sich die westlichen Zonen der Stadt einzuverleiben. Doch deren Abriegelung wussten die ehemals Verbündeten mit einer Luftbrücke zu begegnen, die den Westteil fast ein Jahr lang aus der Luft versorgte. Deutlicher konnten die Gegensätze kaum sein, die Gründung zweier deutscher Staaten war die Folge.

^ *Die Abriegelung West-Berlins durch die Sowjets 1948/49 kompensieren die West-Alliierten mit einer Luftbrücke.*

40 JAHRE DDR

VON DER GRÜNDUNG DER DDR ZUM MAUERBAU (1949 BIS 1961)

Am 7. Oktober 1949 trat in Ost-Berlin die »Provisorische Volkskammer« zusammen, nahm eine Verfassung an und gründete auf diesem Wege die DDR. Da sich kurz zuvor schon die Bundesrepublik konstituiert hatte, war die staatsrechtliche Trennung beider Gebiete somit vollzogen. Den Zeitgenossen freilich erschien diese Konstruktion lediglich als Provisorium, eine längerfristige Teilung Deutschlands war schlicht unvorstellbar. Und doch sollte dieses Provisorium mehr als vierzig Jahre Bestand haben.

Obwohl in der DDR das Mehrparteiensystem formal weiter existierte, hatte bis zum Jahr 1989 die SED allein die politische Macht inne. Letzte Entscheidungsinstanz blieb zwar der »große Bruder« in Moskau, doch da man sich über die Grundzüge der Politik ohnehin einig war, gab es nur selten Anlass, von dort aus aktiv einzugreifen. Schon im Vorfeld der Staatsgründung waren einige Maßnahmen eingeleitet worden, die nun konsequent ausgeweitet wurden: die DDR grenzte sich stärker als bisher von der Bundesrepublik ab, die SED orientierte sich noch enger am sowjetischen Vorbild und die zentrale Planwirtschaft wurde eingeführt. Noch immer galt: Wer sich diesen Prozessen zu entziehen versuchte oder gar dagegen anging, der wurde als »Klassenfeind« stigmatisiert und hatte mit drastischen Strafen zu rechnen. Nicht zuletzt zu diesem Zweck wurde im Februar 1950 das Ministerium für Staatssicherheit gegründet, das sich als Geheimpolizei konsequent der SED-Politik unterordnete, jeden tatsächlichen wie vermeintlichen Parteigeg-

BEFEHL

des Militärkommandanten des sowjetischen Sektors von Berlin

Betrifft: Erklärung des Ausnahmezustandes im sowjetischen Sektor von Berlin

Für die Herbeiführung einer festen öffentlichen Ordnung im sowjetischen Sektor von Berlin wird befohlen:

1. Ab 13.00 Uhr des 17. Juni 1953 wird im sowjetischen Sektor von Berlin der Ausnahmezustand verhängt.
2. Alle Demonstrationen, Versammlungen, Kundgebungen und sonstige Menschenansammlungen über 3 Personen werden auf Straßen und Plätzen wie auch in öffentlichen Gebäuden verboten.
3. Jeglicher Verkehr von Fußgängern und der Verkehr von Kraftfahrzeugen wird von 9 Uhr abends bis 5 Uhr morgens verboten.
4. Diejenigen, die gegen diesen Befehl verstoßen, werden nach den Kriegsgesetzen bestraft.

MILITÄRKOMMANDANT
DES SOWJETISCHEN SEKTORS
VON BERLIN

Berlin, den 17. Juni 1953

Generalmajor Dibrowa

ner verfolgte und dazu auch jedes illegitime Mittel nutzte. Es sollte in der Friedlichen Revolution von 1989/90 eine entscheidende Rolle spielen.

Wer am Beginn der 1950er Jahre glaubte, die gesellschaftliche Umgestaltung der DDR würde bald an ihr Ende gelangen, der irrte gewaltig. Schon 1952 sah die SED-Führung auf Geheiß aus Moskau die Zeit gekommen, den nächsten fundamentalen Schritt zu gehen: nun sollte im ganzen Land der Sozialismus aufgebaut werden. Praktisch bedeu-

^ *Am 17. Juni 1953 erhebt sich das Volk gegen die SED-Diktatur. Sowjetische Truppen schlagen den Aufstand blutig nieder.*

tete das, dass nun all jene Bereiche, die sich bisher der zentralen Planung und Lenkung entziehen konnten, endgültig ihrer Autonomie beraubt werden sollten. Ziel war es vor allem, den Einfluss der Kirchen zurückzudrängen, von Handwerkern und Bauern wurde die Aufgabe ihrer Betriebe sowie der Beitritt zu sozialistischen Produktionsgenossenschaften erwartet. Jeglicher »bürgerlicher« Einfluss in Wirtschaft, Verwaltung und Bildung war endgültig zu beenden. Und mit dem Aufbau eigener Streitkräfte begann eine Militarisierung der gesamten Gesellschaft. Enteignungswellen überrollten das Land, Schauprozesse häuften sich, der Kult um Stalin erreichte ungeahnte Höhen und selbst SED-Mitglieder waren nicht mehr sicher: Nach sowjetischem Vorbild kam es zu umfangreichen Parteisäuberungen. Doch mit ihrem Aktionismus, der sich gegen die Mehrzahl der Bevölkerung richtete, stieß die selbst ernannte Partei der Arbeiterklasse an ihre Grenzen. Die Folge war der Volksaufstand vom 17. Juni 1953. In über 700 Städten und Gemeinden kam es zu Demonstrationen, Streiks und anderen Aktionen, an denen sich etwa eine Million Menschen beteiligten. Allein in Berlin waren mehr als 100 000 Menschen auf der Straße, um ihren Protest kund zu tun. Die Grundforderungen der Demonstranten waren überall die gleichen: Ende der SED-Diktatur und Vereinigung der beiden deutschen Staaten. Dass es dazu nicht kam, verdankte das Regime allein den sowjetischen Truppen. Sie verhängten den Ausnahmezustand, griffen rücksichtslos gegen jeden Widerstand durch und beendeten so den Aufstand. Damit wurde drastisch sichtbar, worauf die Macht der SED eigentlich beruhte: auf der Entschlossenheit der Sowjetunion, ihren östlichsten Vorposten in Europa unter allen Umständen zu halten. Sollte sich das aber ändern, dann wäre im Umkehrschluss die Existenz der DDR stark gefährdet. Erst 1989 sollte es so weit sein.

Nach dem Volksaufstand kehrte zunächst Ruhe im Land ein. Partei- und Staatsführung übten sich in Zurückhaltung, ohne freilich ihre eigentlichen Ziele aus dem Blick zu verlieren. Tatsächlich schien es in den folgenden Jahren aufwärts zu gehen. Die Wirtschaft wuchs (wenn auch weniger stark als in der Bundesrepublik) und allzu offensichtlicher Klassenkampf fand nicht mehr statt. Als die Sowjetunion 1957 schließlich einen künstlichen Satteliten in den Weltraum

schoss und damit in der gesamten westlichen Hemisphäre den »Sputnik-Schock« auslöste, schien es nur noch eine Frage der Zeit, bis der Sozialismus siegen würde.

Dass diese Annahme auf wackligen Füßen stand, hatte sich bereits ein Jahr zuvor in Ungarn gezeigt. Ausgelöst durch ein politisches »Tauwetter« in der Sowjetunion hatten die dortigen Kommunisten einen Reformkurs eingeschlagen, der sich schließlich der sowjetischen Kontrolle zu entziehen drohte. Als die Reformen daher auf Anweisung aus Moskau abgebrochen werden sollten, kam es zu einem Volksaufstand. Wie schon drei Jahre zuvor, griffen sowjetische Truppen hart durch und beendeten das Aufbegehren. Daraus ergaben sich auch für die DDR weitreichende Folgen. Ab sofort galten Abweichungen vom dogmatischen Sozialismus als Sa-

Bekanntmachung
des Militärkommandanten
des sowjetischen Sektors von Berlin

Berlin, 18. Juni 1953

Hiermit wird bekanntgegeben, daß
Willy Göttling,
Bewohner von Westberlin,
der im Auftrage eines ausländischen Aufklärungsdienstes handelte und einer der aktiven Organisatoren der Provokationen und der Unruhen im sowjetischen Sektor von Berlin war und an den gegen die Machtorgane und die Bevölkerung gerichteten banditenhaften Ausschreitungen teilgenommen hat,
zum Tode durch Erschießen
verurteilt wurde.

Das Urteil wurde vollstreckt.

Dibrowa
Militärkommandant des sowjetischen Sektors von Berlin

^ *Zur Niederschlagung des Volksaufstandes ist jedes Mittel recht, so auch der Einsatz von Panzern und standrechtliche Erschießungen.*

krileg. Also unterband auch die SED-Führung alternative Überlegungen im eigenen Land und setzte wieder einmal ausschließlich auf das sowjetische Modell. Das innenpolitische Klima verschärfte sich daraufhin spürbar. Abermals

^ *13. August 1961. Da immer mehr Menschen aus der DDR fliehen, mauert das SED-Regime die Bevölkerung endgültig ein.*

hielt der politisch gewollte Klassenkampf, wenn auch weniger aggressiv als zu Beginn des Jahrzehnts, Einzug. Die Gefängnisse der DDR begannen sich erneut zu füllen, alle landwirtschaftlichen Privatbetriebe wurden zwangsweise in Produktionsgenossenschaften überführt und ökonomisch sollte die DDR um jeden Preis unabhängig vom Einfluss des Westens gemacht werden. Die Lage der Bevölkerung verschlechterte sich daraufhin spürbar, der ohnehin geringe Lebensstandard sank. Das Ergebnis war eine Fluchtwelle bisher ungekannten Ausmaßes in die Bundesrepublik. Das war schon seit Gründung der DDR ein Problem, doch nun setzte ein wahrer Exodus ein. Im Sommer 1961 verließen täglich bis zu 1000 Menschen die DDR, deren staatliche Existenz dadurch erheblich gefährdet wurde. Also ergriff das Regime wieder einmal eine Extremmaßnahme. Seit 1952 waren die Grenzen zur Bundesrepublik abgeriegelt. Doch es blieb Berlin, das aufgrund seines gesonderten Vier-Mächte-Status' noch immer über relativ offene Verbindungswege zwischen den östlichen und westlichen Sektoren der Stadt verfügte. Dem machte die SED mit Zustimmung aus Moskau am 13. August 1961 ein Ende. Sie ummauerte den mitten in der DDR gelegenen Westteil der Metropole und schuf damit gänzlich neue Voraussetzungen. Denn nun konnte niemand mehr das Land verlassen.

^ *In den Tagen nach dem Mauerbau kommt es vielfach zu dramatischen Fluchten nach West-Berlin.*

40 JAHRE DDR

HOFFNUNG IM SCHATTEN DER MAUER (1961 BIS 1976)

Mit dem Mauerbau hatte sich die SED-Spitze Luft verschafft. Diese nutzte sie zunächst, um in einer vorerst letzten großen Welle mit ihren Gegnern abzurechnen. Noch einmal schnellte die Zahl der Verhaftungen und der politischen Verurteilungen stark nach oben, grelle Propaganda beherrschte die Medien und die ersten Toten an der Mauer verdeutlichten, wie ernst es dem Regime tatsächlich war.

Dann aber, ab 1962, setzte allmählich ein Prozess des inneren Ausgleichs ein. Dieser entsprang weniger der Einsicht in die Notwendigkeit grundlegender Veränderungen von Seiten der politisch Verantwortlichen als vielmehr dem Ansinnen, sich die Ruhe der eigenen Bevölkerung nun zunehmend zu erkaufen. Unter den Voraussetzungen eines weitgehend geschlossenen Systems, so der Plan, sollte nun die Steigerung der Wirtschaftskraft die notwendigen Mittel für einen Aufschwung erbringen, an dem dann auch die Bevölkerung teilhaben würde. Und so wurden die 1960er Jahre vordergründig vor allem eines: ein wechselhaftes, durchaus auch erfolgreiches ökonomisches Experiment, für das immer neue Namen und Abkürzungen erfunden wurden. Allerdings ist Vorsicht geboten, wenn in diesem Zusammenhang von »Reformen« die Rede ist. Denn es ging keineswegs darum, im freien Spiel der Kräfte Alternativen zu erproben. Die Richtung gab weiterhin einzig und allein die Partei vor, und ihr Primärziel war die Sicherung der eigenen Macht. Nur sollte dies jetzt nicht mehr über Gewaltmaßnahmen geschehen, sondern über eine erhöhte Attraktivität des So-

zialismus. Auch wenn die Grenzen geschlossen waren: Die Bundesrepublik blieb in vielerlei Hinsicht Bezugspunkt für die DDR. Das galt nicht zuletzt für ihre Einwohner, die im Verlauf des Jahrzehnts mithilfe einer wachsenden Anzahl von Fernsehgeräten abends oftmals virtuell »ausreisten« und so eine recht klare Vorstellung davon hatten, wie die Entwicklung im anderen deutschen Staat voranschritt.

Kern der ökonomischen Überlegungen war es, den Betrieben mehr Eigenständigkeit zuzugestehen, so den Leistungsanreiz zu erhöhen und daraus Gewinne für die Volkswirtschaft und die Gesellschaft zu ziehen. Dieses Ansinnen stieß bei der Bevölkerung durchaus auf positiven Widerhall und Aufbruchstimmung machte sich breit. Tatsächlich verbesserte sich der Lebensstandard während des Jahrzehnts. Das Warenangebot stieg, die Fünf-Tage-Arbeitswoche wurde eingeführt, bescheidener Wohlstand machte sich breit. Auch auf kulturellem Gebiet schien es liberaler zuzugehen. Man versuchte – wenn auch in begrenztem Umfang –, westliche Tanzstile zu adaptieren, Bücher amerikanischer Autoren gelangten plötzlich in den Handel und mit »DT 64« wurde ein erster Radiosender mit jugendlichem Zielpublikum gegründet. In Büchern, Filmen und anderswo konnten plötzlich Probleme auf eine Art angesprochen werden, die wenige Jahre zuvor noch zu Haftstrafen geführt hätte. Aber gerade hier, im Bereich der Kultur, zeigte sich zuerst auch wieder, wo die Machthaber tatsächlich die Schwerpunkte setzten. Plura-

^ *Die Mauer trennte die Stadt, konnte Kontakte aber nicht ganz verhindern. Beide Seiten versuchten, Einfluss zu nehmen.*

listische Ansätze wurden nur so lange geduldet, wie sie nicht als Gefahr wahrgenommen wurden oder außer Kontrolle zu geraten drohten. Sobald dies aber der Fall war, obsiegte der Dogmatismus. Schon im Dezember 1965 sorgte daher ein so genanntes »Kahlschlagplenum« der SED für das Ende des kulturellen Tauwetters. Nun wurden wieder Richtlinien für eine »sozialistische« Kultur vorgegeben, die enge Grenzen zogen und keine Abweichungen duldeten. Die kurze Zeit des Liberalismus war vorbei. Gleiches galt auch für die Wirtschaft. Als am Ende des Jahrzehnts deren Wachstumskraft spürbar nachließ, war Schluss mit den Experimenten.

Bereits zuvor hatte ein Ereignis von Weltrang veranschaulicht, wie wenig Raum für Veränderungen es im Sozialismus tatsächlich gab. Der »Prager Frühling«, die Reformversuche tschechoslowakischer Kommunisten, war 1968 blutig niedergeschlagen worden und hatte so die Hoffnung vieler, vor allem junger Bewohner der DDR auf Selbstbestimmung und Selbstverwirklichung nachhaltig erschüttert. In Moskau war Mitte des Jahrzehnts ein Wechsel an der Partei- und Staatsspitze vollzogen worden, und der daraus resultierende Kurswechsel zurück zu orthodoxen Sozialismus-Modellen schlug nun auch in den von der Sowjetunion abhängigen Staaten voll durch. Das hatte für die DDR unmittelbare und weitreichende Folgen: Walter Ulbricht, der dem Land seit seiner Gründung faktisch vorstand, der den Volksaufstand von 1953 ebenso überstanden hatte wie zahlreiche weitere Krisen,

^ *Sozialistischer Chic. Zunehmend wurden dabei auch westliche Modetrends kopiert, die offiziell verpönt waren.*

wurde nun, im Mai 1971, auf Betreiben seines Kronprinzen und mit Unterstützung aus Moskau abgesetzt. Fortan war Erich Honecker die Nummer Eins in der Partei- und Staatshierarchie, und er sollte es bis 1989 bleiben.

Zunächst weckte der Machtantritt des neuen Generalsekretärs der SED allgemeine Hoffnungen. Diese schienen sich zu bewahrheiten, denn der Lebensstandard wuchs am Beginn der 1970er Jahre neuerlich an. »Einheit von Wirtschafts- und Sozialpolitik« hieß jetzt das politisch geprägte Schlagwort und meinte eine beständige Steigerung der sozialen Leistungen des Staates bei gleichzeitigem Wachstum der Ökonomie. Doch genau hier lag der Haken. Die SED konnte sich die materiellen Zugeständnisse an die Bevölkerung immer weniger leisten, denn die Wirtschaft erlahmte. Kredite, auch aus dem westlichen Ausland, sollten hier Abhilfe schaffen. Kredite, die man immer weniger zu tilgen vermochte, so dass die Zinslast immer weiter stieg. Stagnation machte sich breit.

Für einen Bereich galt das freilich nicht. Um auch in Zeiten zunehmender Unzufriedenheit die eigene Herrschaft zu sichern, wurde der Sicherheitsapparat massiv ausgebaut. Insbesondere das Ministerium für Staatssicherheit, das das Land auf Anweisung der Partei mit einem Überwachungsapparat ohnegleichen überzog, erlebte einen nie gekannten Ausbau. Allein zwischen 1970 und 1980 wuchs die Zahl des hauptamtlichen Personals von 40 000 auf weit über 70 000. Hinzu kamen unzählige Inoffizielle Mitarbeiter, die sich ne-

^ *Inszenierte Realität. Tatsächlich ging das Warenangebot in der DDR immer mehr zurück, waren die Regale immer leerer.*

benberuflich – aus welchen Gründen auch immer – als Spitzel verdingten. Erich Mielke, Minister für Staatssicherheit, stieg erstmals zum Gipfel der Macht, in das Politbüro der SED, auf und sollte dort ebenfalls bis 1989 verharren.

Wie zerbrechlich das Gleichgewicht zwischen Herrschaft und Gesellschaft inzwischen tatsächlich war, zeigt sich 1976. Abermals war es der kulturelle Sektor, der zum Prüfstein der Lauterkeit von SED-Politik wurde. Im November 1976 bürgerte die Parteiführung den Liedermacher Wolf Biermann nach einem zuvor genehmigten Konzert im westdeutschen Köln wegen verhalten kritischer Äußerungen kurzerhand aus. Die Rückkehr in die DDR wurde ihm verwehrt, ein kritischer Geist vom Regime kurzerhand entsorgt. War Biermann bis zu jenem Abend nur einem begrenzten Kreis der DDR-Bevölkerung bekannt, so änderte sich das nun schlagartig. Seine Ausbürgerung wurde zum Symbol einer Politik, die nur dem eigenen Machtanspruch gehorchte, offene Meinungsäußerungen unterband und auch nicht vor völlig unangemessenen Schritten zurückschreckte, wenn sie sich herausgefordert fühlte. Eine Protestwelle überrollte die DDR, die zwar eingedämmt werden konnte, in ihren langfristigen Folgen jedoch fatale Konsequenzen haben sollte. Denn nun war die Hoffnung im Schatten der Mauer endgültig gestorben und immer weniger Menschen zeigten sich bereit, am sozialistischen deutschen Staat aktiv mitzuwirken.

^ *Das Regime unterschätzte die Folgen der Biermann-Ausbürgerung vom November 1976. Ein Proteststurm brach los.*

40 JAHRE DDR

FINALE KRISE (1976 BIS 1989)

Für einen großen Teil der DDR-Bevölkerung brachte das Jahr 1976 gleichwohl Erfreuliches: die Mindestlöhne wurden angehoben, die Renten erhöht, der Schwangerschaftsurlaub verlängert und ein »Babyjahr« eingeführt. Diese Sozialleistungen waren begrüßenswert – und die DDR konnte sie sich eigentlich nicht leisten. Die Schuldenspirale drehte sich weiter, Fachleute warnten jetzt eindringlich vor den zwangsläufigen Negativfolgen. Erhört wurden sie freilich nicht, denn Ziel der dahinter stehenden Politik war es eben auch, die Bevölkerung ruhig zu halten. Der Wirbel um Biermann hatte eindringlich gezeigt, wie groß das Protestpotential war, spätestens seit dem 17. Juni 1953 wusste das Regime, dass seine Macht auf tönernen Füßen stand, und freien Wahlen hatte es sich schon seit 1946 nicht mehr gestellt. Im Schatten dieser Widersprüche entwickelten sich langsam aber kontinuierlich verschiedene Gruppen, die sich unzufrieden zeigten mit den Verhältnissen im SED-Staat und darüber auch sprechen wollten. Organisatorisch zumeist an eine der wenigen unabhängigen Institutionen, an die evangelische Kirche, gebunden, entstand hier die Keimzelle dessen, was später als die »Opposition« in der DDR bezeichnet werden sollte. Dabei ging es diesen Basisgruppen gar nicht um den Sturz der SED-Diktatur. Ein solcher Anspruch hätte ohnehin sofort dazu geführt, dass die Beteiligten im Gefängnis gelandet wären. Im Mittelpunkt standen vielmehr, ähnlich wie zeitgleich in der Bundesrepublik, zwei Themen: Frieden und Umwelt. Doch anders als in der Bundesrepublik glaubte in der DDR auch

Proletarier aller Länder, vereinigt euch!

NEUES DEUTSCHLAND

ORGAN DES ZENTRALKOMITEES DER SOZIALISTISCHEN EINHEITSPARTEI DEUTSCHLANDS

34. Jahrgang / Nr. 237 | Berlin, Sonntag, 7. Oktober 1979 | B-Ausgabe / Einzelpreis 15 Pf

Honecker geflüchtet!

In der Nacht zum 7. Oktober sind der Staatsratsvorsitzende der DDR und Generalsekretär des Zentralkomitees der Sozialistischen Einheitspartei Deutschlands Erich Honecker und seine Frau Margot, Minister für Volksbildung, republikflüchtig geworden.

Berlin (ADN). Der Generalsekretär des Zentralkomitees der Sozialistischen Einheitspartei Deutschlands und Vorsitzende des Staatsrates der Deutschen Demokratischen Republik, Erich Honecker, hat sich einen bunten Luftballon genäht und unser sozialistisches Vaterland verlassen.

Er kaufte hunderte Meter Stoff in der ganzen Republik. Nachts nähte er daraus heimlich eine Ballonhülle. Als er in der Nacht zum 1. Mai erstmals damit startete, scheiterte er zweihundert Meter vor der Grenze der Republik.

Aber Erich Honecker, Bergarbeitersohn aus Neunkirchen /Saar gab nicht auf. Er kaufte und nähte wieder - jetzt zusammen mit seiner Frau Margot- und in der Nacht zum 7. Oktober traten die beiden mit ihrem selbstgebastelten Ballon die Flucht an.

In Pankow spielt 'ne Rentnerband seit 30 Jahren Parlament...

Die Volkskammer der DDR behandelte am Freitag in Berlin auf ihrer 9. Tagung innen- und außenpolitische Fragen. Einmütig und mit starkem Beifall stimmten die Abgeordneten den Gesetzen zu den Verträgen über Freundschaft und Zusammenarbeit zwischen der DDR und der Union der Sozialistischen Sowjetrepubliken zu. Die Dokumente waren während des offiziellen Freundschaftsbesuches einer Partei und Staatsdelegation unter Leitung des Generalsekretärs des Zentralkomitees der Sozialistischen Einheitspartei Deutschlands und Vorsitzenden des Staatsrates der DDR, Erich Honecker, am 2. Februar in Moskau unterzeichnet worden. Die Haushaltsrechnung für 1978, die unsere oberste Volksvertretung bestätigte, unterstreicht, daß die bewährte Politik des IX. Parteitages der Sozialistischen Einheitspartei Deutschlands zur Verwirklichung der Hauptaufgabe in ihrer Einheit von Wirtschafts-und Sozialpolitik zum Wohle des Volkes konsequent weitergeführt wurde.
Volkskammerpräsident Horst Sindermann eröffnete die Tagung mit einem Gedenken an die vestorbenen langjährigen Abgeordneten Lothar Kolbe von der CDU-Fraktion und Willi Grandetzka von der DBD-Fraktion. Die Abgeordneten hatten sich in Würdigung des pflichtbewußten Wirkens der Verstorbenen von ihren Plätzen erhoben.
Einstimmig bestätigte das Hohe Haus die 15 Punkte umfassende Tagesordnung.

auf diesen Feldern eine einzige Partei, die SED, die letzten Wahrheiten zu kennen. Diese vermeintlichen Wahrheiten stimmten aber zunehmend weniger mit dem überein, was die Bevölkerung wahrnahm. Orte wie Bitterfeld oder Wolfen wurden zum Synonym für exzessive Umweltzerstörung und die Einführung des Wehrkundeunterrichts für Schüler ab dem Jahr 1978 Jahr machte für jede Familie spürbar, dass trotz offizieller Friedensrhetorik eine konsequente Militari-

^ *Eine gefälschte Ausgabe des „Neuen Deutschland" zum 30. Jahrestag der DDR am 7. Oktober 1979.*

Die Tageszeitung 5. 10. 1979

REPORTAGE — Neues Deutschland Seite 15

Ein DDR-Betrieb im 30. Jahr der Republik

Hauptsache, es sieht so aus, als ob die Produktion läuft...

Dynamisch, leistungsstark, produktiv und qualitätsbewußt, kaum eine Prädikatsbezeichnung wird in den täglichen Betriebsreportagen des „Neuen Deutschland" ausgelassen, um die wirtschaftlichen Leistungen der DDR zu beschreiben. Dementsprechend erscheinen auch die Werktätigen in unermüdlichem, phantasievollen Einsatz, um sich im „Sozialistischen Wettbewerb" um Medaillen und Auszeichnungen zu streiten.
Doch allen Lobeshymnen und Aufforderungen zum Trotz stagniert die DDR-Wirtschaft gerade im vielbesungenen 30. Jahr der Republik, das in diesen Tagen gefeiert wird. Die DDR-Bürger merken es allein schon in ihrem Alltag, daß die vielbesungene Leistungskraft ähnlich stark begrenzt ist, wie das ganze Land: Viel Leerlauf, Wartezeiten durch verspätete Lieferungen, fehlende Ersatzteile oder einfach keine rechte Lust zu arbeiten gehören für die meisten zum täglichen Arbeitstag. Zunehmende Schwierigkeiten im Konsum sind ein weiteres Anzeigen, daß vieles im real sozialistischen Musterländle im Argen liegt. So war dieses Jahr selbst Frischobst und Gemüse schwer zu finden, viel DDR-Gemüse wurde in den Westen exportiert. Bei höherwertigen Konsumgütern wurden oftmals Preissteigerungen festgestellt.
Zumindest indirekt wird die wirtschaftliche Misere auch offizielle zugegeben. Im üblichen Zwischenbericht zum Jahresplan 79 fehlten diesmal entscheidende Kennziffern. Und Ende August mußten sich die Staatslenker mit einer Direktive an die Bevölkerung wenden, die „bedeutende Verbesserungen" im wirtschaftlichen Bereich verlangen. Eine „bessere Nutzung der Arbeitszeit und Erhöhung der Arbeitsdisziplin" wurde wortwörtlich gefordert.
Der folgende Erfahrungsbericht aus einem Leipziger Großbetrieb gibt ein Beispiel „sozialistischer Arbeitsmoral" in der DDR:

Es läuft nischt mehr

Der Meister ist von dir abhängig

Den Privatkram machste auf Arbeit

Abteilungsleiter werden 'geduldet'

sierungspolitik vorangetrieben wurde. Bei landesweit etwa 100 Gruppen der unabhängigen Friedens- und Umweltbewegung zu Beginn der 1980er Jahre blieb das Protestpotential vorläufig gering, aber der Grundstein war gelegt.

Spätestens zu diesem Zeitpunkt erlahmte die wirtschaftliche Entwicklung endgültig. Das Angebot in den Geschäften ging drastisch zurück, lange Warteschlangen vor den Läden wurden Alltag, auf den Kauf eines Autos musste man

^ *Hinter der Ausgabe steckte die West-Berliner „tageszeitung", die für ihre subversiv-ironischen Aktionen bekannt war.*

mehr als 15 Jahre warten, auf ein Telefon mitunter ein Leben lang. Also entwickelte sich eine landesweite Schattenwirtschaft, es wurde gehandelt, geschachert und getauscht. Das waren quasi-kapitalistische Gebaren, die es offiziell zu verdammen galt, doch die SED verhinderte sie nicht mehr. Denn diese Geschäfte hielten das Leben am Laufen. Dann, 1982, war die DDR nahezu pleite. Während das Land in den gleichgeschalteten Medien noch immer als eine der wichtigsten Industrienationen gefeiert wurde, stand es am Rande der Zahlungsunfähigkeit. Rettung kam ausgerechnet vom Klassenfeind, von der Bundesrepublik. Zwei Milliardenkredite, vom bayerischen Ministerpräsidenten Franz Josef Strauß und dem Offizier der Staatssicherheit Alexander Schalck-Golodkowski ausgehandelt, verschafften der SED noch einmal Luft. Dass es das letzte Mal sein sollte, konnte zu diesem Zeitpunkt freilich niemand wissen.

Wie verzweifelt die Lage war, zeigen die Mittel, mit der das Regime nun versuchte, an die dringend benötigten Devisen zu kommen. Schon seit vielen Jahren verkaufte man politische Häftlinge in die Bundesrepublik. Man entließ Inhaftierte in den westlichen deutschen Staat, der dies als humanitären Schritt ansah, und kassierte dafür kräftig. Dieser Handel sollte nun intensiviert werden. Das Regime schreckte auch nicht vor ungerechtfertigten Enteignungen zurück, wenn es harte Währung versprach. Was sich in den

^ *Offiziell Klassenfeinde und doch Geschäftspartner: Franz Josef Strauß und Alexander Schalck-Golodkowski.*

Westen verkaufen ließ, wurde verkauft. Insbesondere Antiquitäten waren davon betroffen, und das Ministerium für Staatssicherheit mischte kräftig mit. Dennoch häuften sich die Schwierigkeiten und Ungemach drohte immer stärker aus einer Richtung, von der man es am wenigsten erwartet hatte: aus der Sowjetunion. Diese hatte Mitte der 1980er Jahre selbst mit schweren ökonomischen Problemen zu kämpfen und kürzte die Unterstützungsleistungen daher drastisch. Das schmerzte, doch die eigentliche Gefahr für die SED kam aus einem anderen Bereich der sowjetischen Politik, und ihre Bedeutung für die DDR wurde von den Machthabern in Ost-Berlin fundamental unterschätzt.

Anfang März 1985 hatte die Kommunistische Partei der Sowjetunion (KPdSU) einen neuen Generalsekretär bestimmt, der fortan die Geschicke des Landes leitete: Michail Gorbatschow. Niemand ahnte bei seinem Amtsantritt, welche Folgen das haben würde. Denn Gorbatschow war bisher keineswegs als Reformer aufgefallen. Doch das änderte sich schnell. Auf die Krise im eigenen Herrschaftsbereich reagierend, rief er die Politik von Perestroika und Glasnost aus. Sie zielte keineswegs auf ein Ende des Sozialismus (obwohl sie genau dazu führte), sondern sollte diesen dynamischer, weniger dogmatisch gestalten. Gerade unter den erstarrten Bedingungen der DDR-Realität elektrisierte diese Idee die Bevölkerung, Gorbatschow wurde zum Hoffnungsträger für

^ *Offiziell Klassenbrüder und doch in gegenseitiger Ablehnung verbunden: Michail Gorbatschow und Erich Honecker.*

eine bessere Zukunft. Die politische Führung des Landes aber fürchtete nichts mehr als Veränderungen, wie sie 1956 in Budapest und 1968 in Prag außer Kontrolle geraten waren. Eine strikte Abgrenzung gegenüber jeglichen sowjetischen Reformideen war die Folge. Damit grenzte die SED sich nicht nur gegen jene Kraft ab, die über vierzig Jahre hinweg die eigene Macht gesichert hatte, sondern vertiefte den Widerspruch zwischen Politik und Gesellschaft weiter. Das konnte nicht ohne Folgen bleiben.

^ *Die Mauer prägte das Leben, eine Demokratiebewegung in der DDR konnte sie letztlich nicht verhindern.*

Noch aber war es nicht soweit. Finanziell gestützt auf die Milliardenkredite aus der Bundesrepublik und fern jeder Realität feierte die Führung der SED 1987 ihr letztes großes, glückliches Jahr. Erich Honecker reiste nach Bonn, wurde dort vom Bundeskanzler Helmut Kohl empfangen, meinte, damit auf offener Weltbühne die Ebenbürtigkeit beider deutscher Staaten dokumentiert zu haben, und wähnte sich auf dem Zenit seiner Macht. Die 750-Jahr-Feier Berlins wurde im Ostteil der Stadt pompös inszeniert und schien eine weltoffene, dynamische, bunte DDR zu präsentieren. Doch das sollte sich sehr schnell als Irrtum herausstellen. Denn da sich das Regime gefestigt glaubte, sah es auch den Zeitpunkt gekommen, mit den oppositionellen Gruppen im eigenen Land aufzuräumen. Diese hatten wegen der Ablehnung Gorbatschows durch die SED, der fortwährenden Umweltzerstörung und der unerträglichen Lethargie der offiziellen Politik wachsenden Zulauf erhalten, blieben im Gesamtmaßstab aber immer noch eine sehr kleine Minderheit. Also schlug das Ministerium für Staatssicherheit im November 1987 zu. Dafür wurde die Berliner Umwelt-Bibliothek auserwählt, die das staatliche Informationsmonopol unterlief, indem sie verbotene Literatur zur Verfügung stellte und selbst Schriften herausgab, die sich kritisch mit der Situation in der DDR auseinandersetzten. In der Nacht vom 24. zum 25. November 1987 besetzte die Staatsicherheit die in Räumen der Zionsgemeinde arbeitende Umwelt-Biblio-

^ *Ruhe vor dem Sturm. Die Mauer am Brandenburger Tor Mitte der 1980er Jahre.*

thek, beschlagnahmte Material und Druckmaschinen und verhaftete die anwesenden Mitarbeiter. Damit aber löste sie eine Dynamik aus, mit der sie ganz offensichtlich nicht gerechnet hatte. Es folgten zwei Entwicklungen, die fortan nicht mehr abreißen und das Ende der SED-Herrschaft schließlich beschleunigen würden: Die ganz normale Bevölkerung, die sich bisher zumeist auf die Probleme des Alltags konzentriert hatte, begann sich mit den Oppositionsgrup-

^ *Pfingsten 1987. Ein Rockkonzert in West-Berlin sorgt für Unruhe im Osten. Polizei und Staatssicherheit greifen hart durch.*

pen zu identifizieren. Und stärker als bisher berichteten die West-Medien über die rechtswidrigen Vorgänge in der DDR. Als das Regime unter diesen Voraussetzungen wenige Tage später nachgeben und die Inhaftierten entlassen musste, zeigte sich in aller Klarheit, dass es nicht unverwundbar

^ *In den 1980er Jahren wurden immer mehr Untergrundzeitschriften gegründet, die das Informationsmonopol der SED brachen.*

war. Ähnliche Vorgänge im Folgejahr verstärkten dieses Gefühl, ohne dass sich allerdings Grundlegendes änderte.

In vierzig Jahren DDR hatte es somit immer wieder schwerwiegende Probleme gegeben, für die die SED-Spitze zu keinem Zeitpunkt verlässliche Lösungen fand. Seit 1946 hatte sie sich keinen Wahlen mehr gestellt, die diesen Namen verdient hätten. Die Fluchtbewegung in die Bundesrepublik hatte sie nur durch den Bau der Mauer stoppen können, dennoch versuchten zu jedem Zeitpunkt zahllose DDR-Bewohner, das Land auf unterschiedlichen Wegen und unter Einsatz ihres Lebens zu verlassen. Eine Auseinandersetzung mit politischen Alternativen hatte es jenseits von Repression kaum je gegeben. Überhaupt wurde jede Herausforderung, die das übliche Maß überschritt, mit Gewaltmaßnahmen verschiedenster Art beendet. Und dann kam die Kommunalwahl vom 7. Mai 1989.

^ *In der DDR eine Straftat: Der Wunsch nach freier Wahl des Aufenthaltsortes auch jenseits der abgeriegelten Grenzen.*

^ *Propaganda für die Vorzüge des Sozialismus war allgegenwärtig. Die Realität sah freilich viel trostloser aus.*

WINZER 89

^ *Durch Mauern und Todesstreifen fast drei Jahrzehnte getrennt: Ost- (links) und West-Berlin (rechts), hier am Potsdamer Platz.*

DU HAST DIE WAHL?

DIE KOMMUNALWAHL VOM 7. MAI 1989

An der eigenen Lethargie fast erstickend, einer unzufriedenen Bevölkerung gegenüberstehend und in Konfrontation mit einer kleinen, aber wachsenden Opposition gingen die politischen Machthaber im Mai 1989 daran, die turnusmäßigen Kommunalwahlen zu inszenieren. Gerade weil Wahlen in der DDR eine Farce waren, musste die Inszenierung umso pompöser ausfallen. Im Vorfeld fanden unzählige Versammlungen statt, um das Volk auf Linie zu bringen. Unsichere Kantonisten wurden zu Einzelgesprächen gebeten oder gleich ganz aus dem Wählerverzeichnis gestrichen. Soldaten erhielten Ausgangssperren und hatten in geschlossener Truppenstärke zur Wahl aufzumarschieren. Parteien, Massenorganisationen, Hausgemeinschaften und andere Institutionen verpflichteten ihre Mitglieder ebenfalls zu möglichst geschlossenem und möglichst frühem Auftreten am jeweiligen Wahlsonntag.

Dabei hatte man als Wahlberechtigter ohnehin kaum eine Wahl. Die Stimmabgabe war nicht für einzelne Parteien oder Kandidaten möglich, sondern nur für eine Einheitsliste, die von der SED auf vielfältige Weise dominiert wurde. Seine Zustimmung zur Politik der Partei bestätigte man durch den flotten Einwurf der Liste in die Urne, ein abgewogenes »Ja« oder »Nein« war gar nicht vorgesehen. Wollte man Streichungen vornehmen, musste man die Wahlkabine benutzen. Das wurde als Sakrileg angesehen und konnte ernsthafte Folgen haben. Denn nur wer als zuverlässig galt, durfte auf die bescheidenen Segnungen des Staates hoffen.

< *Inszenierte Begeisterung. Nicht nur Demonstrationen, auch die Wahlen sollten die Herrschaft der SED glorifizieren.*

Wer sich verweigerte, musste mit Maßregelungen rechnen. Unter diesen Umständen schien ein Mittelweg als Zeichen der Ablehnung viel versprechend: einfach nicht zur Wahl erscheinen. Doch auch das wurde registriert und war zudem eine unsichere Angelegenheit. Stellte die Wahlleitung nämlich fest, dass in einem Territorium noch Stimmen fehlten, wurden so genannte fliegende Wahlurnen losgeschickt, an Haustüren geklopft und energisch an die noch fehlende Stimmabgabe erinnert. Auf die gleiche Weise sammelte man in Krankenhäusern, Altenheimen und anderen Einrichtungen Zustimmung. Die Bevölkerung hatte sich schon lange mit dem Nonsens arrangiert, lieferte die erwartete Stimme ab und ging weiter ihrer Wege. Doch das reichte den politischen Funktionären nicht. Seit Jahrzehnten schon hatte es immer eine »überwältigende Mehrheit« für die SED-Politik gegeben, wie die Medien nicht müde wurden zu betonen. Daher musste die Zustimmung auch weiterhin bei nahezu 100 Prozent liegen. Das war selbst unter den herrschenden restriktiven Bedingungen illusorisch. Also fälschte die politische Führung des Landes die Ergebnisse. Auch daran hatte sich die Bevölkerung resignierend gewöhnt und nahm das Resultat Schulter zuckend zur Kenntnis. Bis zum 7. Mai 1989.

Während in der DDR bleierne Ruhe herrschte, hatte sich in den offiziell als »Bruderstaaten« bezeichneten Ländern des Ostblocks schon zuvor einiges getan. In Polen liefen Gespräche zwischen Regierung und Opposition über die Zukunft des Landes, in Ungarn hatte die kommunistische Partei auf ihren in der Verfassung verankerten Führungsanspruch verzichtet, und selbst in der Sowjetunion konnte man sich bei Wahlen erstmals zwischen verschiedenen Kandidaten entscheiden. Nicht so im SED-Staat. Hier war alles beim Alten und sollte es auch bleiben. Doch die oppositionelle Szene hatte sich verändert. Spätestens seit 1987 machte die landesweite Vernetzung zwischen den einzelnen Gruppen Fortschritte, die nun die Kommunalwahl nutzen wollten, um auf die fundamentalen Demokratiedefizite in der DDR aufmerksam zu machen. Nachdem klar wurde, dass die Aufstellung eigener Kandidaten nicht realisierbar sein würde, sollte ein anderer Weg beschritten werden: die Inanspruchnahme des gesetzlich verbrieften Rechts, an der

öffentlichen Auszählung der Stimmen in den Wahllokalen teilzunehmen. So sollte eine effektive Kontrolle der Ergebnisse gesichert werden. Die Idee war nicht neu, schon früher hatte es vereinzelte Versuche gegeben, den fortwährenden Wahlbetrug aufzudecken, doch das hatte kaum Spuren hinterlassen. Die zwischenzeitliche Vernetzung, der Aufbau effektiver Kommunikationsstrukturen und nicht zuletzt die engere Zusammenarbeit mit einigen bundesdeutschen Medien schufen nun aber ganz andere Voraussetzungen. Die Staatssicherheit, wie fast immer gut im Bilde, informierte die SED-Führung zeitnah über die Ungeheuerlichkeiten, die da im Gange waren. Doch weder die Partei noch ihre Geheimpolizei vermochten Strategien zu entwickeln, um das kommende Unheil zu verhindern. Offensichtlich konnte man sich nach Jahrzehnten der Machtausübung auch gar nicht vorstellen, was sich da zusammenbraute. Dann folgte der Wahlsonntag, der 7. Mai 1989.

Wie immer feierten die gleichgeschalteten Medien den Urnengang als bedeutenden politischen Höhepunkt im gesellschaftlichen Leben der DDR, wie immer waren Straßen und Häuser mit Fahnen und Propagandatafeln geschmückt und wie immer hatte es im Vorfeld von Oppositionsgrup-

^ *1. Mai 1989. Die Partei- und Staatsführung lässt sich feiern. Doch ihre Tage sind bereits gezählt.*

pen Aufrufe zum Wahlboykott gegeben. All das blieb im Rahmen des Üblichen, die Lage schien im Griff. Selbst als zur Stimmenauszählung ungebetene, meist junge Gäste erschienen, die mitrechneten und Resultate notierten, war das kein Grund zur Beunruhigung. In altbewährter Manier verkündete der Vorsitzende der zentralen Wahlkommission, Egon Krenz (SED), in den späten Abendstunden das vorläufige Wahlergebnis. Dass es ausgerechnet Krenz war, der das tat, sollte sich wenige Monate später rächen, was zu diesem Zeitpunkt aber noch niemand wissen konnte. Insgesamt hätten nach seinen Worten bei einer Wahlbeteiligung von fast 99 Prozent genau 98,85 Prozent für die von der SED dominierte Einheitsliste gestimmt, in Ost-Berlin immerhin noch 98,63 Prozent der Wahlberechtigten. Dies sei ein eindrucksvolles Bekenntnis zur SED-Politik des Friedens und des Sozialismus, stellte die Parteizeitung »Neues Deutschland« am Folgetag fest.

Doch die Parteistrategen hatten die systematische Kontrolle der Ergebnisse durch die oppositionellen Gruppen unterschätzt. Überall im Land hatte es solche Aktivitäten gegeben, nirgendwo waren sie intensiver als in Ost-Berlin. Hier wurde in mehr als 200 Wahllokalen die Stimmauszählung verfolgt, im Stadtbezirk Weißensee war das sogar in 66 von insgesamt 67 Wahllokalen gelungen. Wie das geschah, hielt die Staatsicherheit zeitnah in einem Bericht fest:

> »Die Personen machten sich in der Regel Aufzeichnungen über die durch die Wahlvorstände verkündeten Wahlergebnisse, zum Teil auf vorgefertigten Formblättern. In Einzelfällen warfen sie den Wahlvorständen Wahlmanipulationen vor und verlangten, persönlich die Gegenstimmen auszählen zu dürfen. Derartige Provokationen wurden durch die Wahlvorstände zurückgewiesen, worauf die Personen kommentarlos die entsprechenden Wahllokale verließen.«[1]

Falls die Mitarbeiter des MfS glaubten, die Sache sei damit erledigt, so irrten sie sich. Noch am gleichen Abend fand eine »Wahlparty« der unabhängigen Gruppen in der

1 Informationen über beachtenswerte Ergebnisse der Sicherung der Durchführung der Kommunalwahlen am 7. Mai 1989, in: BStU, ZA, ZAIG, Nr. 229/89.

Elisabethgemeinde statt, bei der die gesammelten Daten zusammengetragen, ausgewertet und weitere Schritte verabredet wurden. Aufgrund der vorliegenden Zahlen gingen die Beteiligten davon aus, dass die Summe der Gegenstimmen sich auf etwa 10 Prozent belaufen würde, was eine erhebliche Abweichung vom offiziell verkündeten Ergebnis darstellte. Anwesend waren auch Journalisten aus West-Berlin, die dies zur Kenntnis nahmen und in ihre Berichterstattung während der folgenden Tage einfließen ließen. Der

^ *Freie Wahlen? Das Ergebnis stand schon vorher fest und lag stets bei fast 100 Prozent Zustimmung zur SED-Politik.*

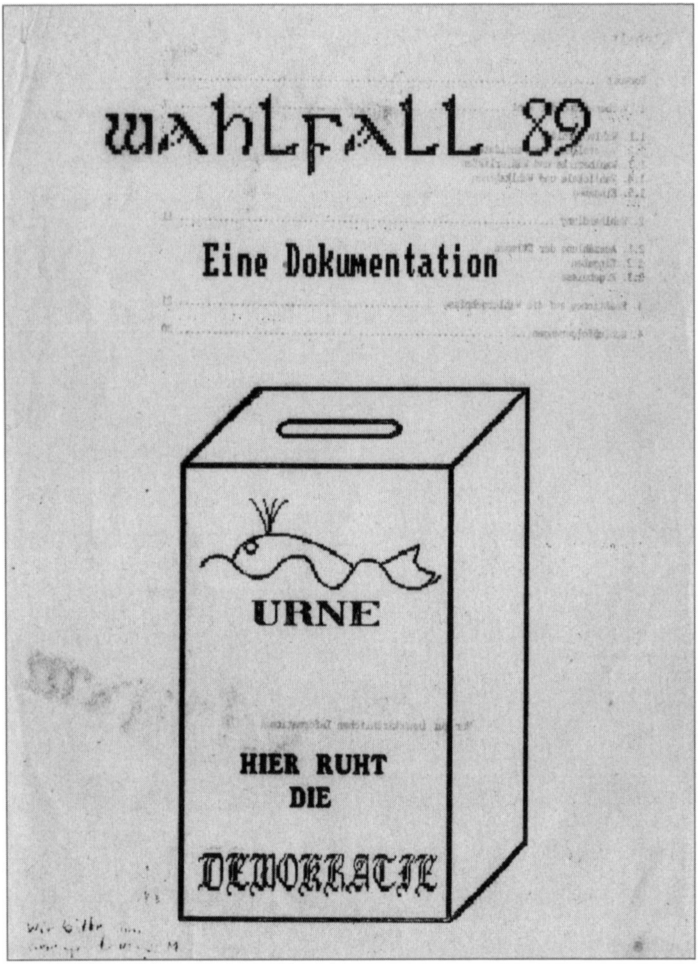

Betrug wurde offenkundig, die SED war blamiert und der offensichtliche Erfolg der Aktion bestärkte die Gruppen zu weiteren Aktivitäten und zur weiteren Vernetzung. Daraus entwickelte sich eine Dynamik, die nicht mehr abriss.

Zunächst hagelte es Beschwerden bei der Zentralen Wahlkommission, dort lagen bis Mitte Juni etwa 300 Eingaben vor. Da diese sich auch an anderen Stellen häuften, wurde von den Machthabern einheitlich festgelegt, dass entsprechende Beschwerden zwar entgegen genommen, jedoch nicht bearbeitet werden sollten. Nach Ablauf der ge-

setzlichen Fristen sei den Beschwerdeführern mitzuteilen, dass sich keinerlei Anhaltspunkte für Manipulationen ergeben hätten, ohne sich dabei auf inhaltliche Diskussionen einzulassen. Und um auch noch den letzten Beweis für den Wahlbetrug zu beseitigen, wurden bereits am 15. Juni 1989 auf Anweisung der Zentralen Wahlkommission sämtliche relevante Unterlagen vernichtet.

Damit aber waren die mit der Wahl verbundenen Probleme für die Herrschenden keineswegs vorbei, im Gegenteil. Verschiedene Oppositionsgruppen riefen dazu auf, sich in den kommenden Monaten jeweils am siebten Tag um 17:00 Uhr auf dem Alexanderplatz zu versammeln und dort an die Wahlfälschungen zu erinnern. Trotz immenser staatlicher Bemühungen, derartig öffentlichkeitswirksame Aktivitäten zu unterbinden, traf sich in den Folgemonaten eine Gruppe Unverdrossener und artikulierte ihren Protest. Das brachte ihnen Zuführungen, Belehrungen und Ermittlungsverfahren ein, hielt die Erinnerung an die Vorgänge rund um die Kommunalwahl aber wach. Die fünfte Protestveranstaltung schließlich fiel dann auf den 7. Oktober, den Tag der Republik. Deren Wirkungen waren einschneidend.

< ^ *Erstmals regt sich massiver Widerstand gegen die Wahlfälschungen. Der Betrug wird dokumentiert, der Protest öffentlich.*

52

SOMMER-GEWITTER

FLUCHTWELLE, GRÜNDUNGSINITIATIVEN UND BEWEGUNGSLOSIGKEIT

Auf Einladung des saarländischen Ministerpräsidenten Oskar Lafontaine weilte Egon Krenz, von vielen als Kronprinz Honeckers angesehen, Anfang Juni 1989 in Saarbrücken. Dort hielt er eine Rede, in der er nicht nur jeder Idee einer deutschen Wiedervereinigung eine klare Absage erteilte, sondern aus seiner Sicht auch weitere Grundsätzlichkeiten zu Protokoll gab:

»Als Tatsache ist ebenfalls anzumerken, dass es kein europäisches Haus ohne die allseitige Verwirklichung der Menschenrechte geben kann. Die DDR trägt dem in ihrer praktischen Politik Rechnung. Das belegen die über die Grenzen unseres Landes hinaus bekannte soziale Sicherheit für alle DDR-Bürger, die ihnen garantierte Chancengleichheit in der Lebensgestaltung sowie die Gewährung der kollektiven wie persönlichen Rechte im sozialistischen deutschen Rechtsstaat. Das widerspiegelt sich auch in der von der DDR praktizierten Freizügigkeit im Verkehr von Menschen und Meinungen über die Systemgrenzen hinweg.«[1]

Menschenrechte und Reisefreiheit, so die Botschaft, seien in der DDR gesichert. Doch mit beiden Komplexen hatte der SED-Staat ernsthafte Probleme. Wenige Tage zuvor waren in Peking Studentenproteste auf Anweisung der

1 Protokoll der SED-Politbüro-Sitzung vom 15. Juni 1989, in: Stiftung Archiv der Parteien und Massenorganisationen im Bundesarchiv (SAPMO-BArch), DY 30 /J IV 2/2A/3222.

< *In Peking werden Demokratiebestrebungen blutig beendet. In Ost-Berlin erinnert die Opposition mit Klagetrommeln daran.*

kommunistischen Partei Chinas blutig niedergeschlagen worden, und die SED-Führung, namentlich Egon Krenz, hatte das brutale Vorgehen gegen den »konterrevolutionären Aufstand« ausdrücklich gelobt. Damit sollte auch eine Botschaft an das eigene Volk transportiert werden: Wie 1953 in der DDR, 1956 in Ungarn und 1968 in der Tschechoslowakei würde es auch jetzt keinerlei Zugeständnisse geben, wenn die Partei ihre Macht gefährdet sah. Während andere osteuropäische Länder sich beschämt in Zurückhaltung übten, würdigte die SED-Spitze das Massaker vom Platz des Himmlischen Friedens nicht bloß, sondern beschloss, nur noch die offiziellen chinesischen Verlautbarungen zum Thema zu verbreiten.

Die enge Anlehnung der DDR-Führung an China war zu diesem Zeitpunkt kein Zufall. In Ost-Berlin sah man sich seit geraumer Zeit von unzuverlässigen Partnern umgeben. Vor dem wirtschaftlichen Kollaps stehend, hatte in zahlreichen Staaten des Ostblocks ein gesellschaftlicher Wandlungsprozess eingesetzt. Dessen Ziel war weniger eine Demokratisierung im traditionellen Sinne als eine Flexibilisierung der Parteiherrschaft. Voraussetzung dafür war die Reformpolitik in der Sowjetunion, die auch den abhängigen Staaten plötzlich mehr Freiraum bot. Zudem kündigte Gorbatschow die so genannte Breschnew-Doktrin auf, was bedeutete, dass jedes sozialistische Land fortan allein für die Vorgänge in seinem Inneren zuständig sein würde. Einen Einmarsch sowjetischer Truppen, so die klare Botschaft aus Moskau, würde es nicht mehr geben.

Die daraus erwachsenden Möglichkeiten erkannte zuerst Ungarn. Auf Zugeständnisse aus dem Westen hoffend, beschlossen die dortigen kommunistischen Machthaber die Einführung eines Mehrparteiensystems und eine Lockerung der Grenzsicherung zu Österreich. Was genau Letzteres heißen sollte, blieb zunächst unklar, doch von der DDR-Bevölkerung wurde dieser Schritt auf ganz eigene Weise interpretiert: Hier schien sich ein Schlupfloch in den Westen zu öffnen, wie es ein solches seit dem Mauerbau vom August 1961 nicht mehr gegeben hatte. In der SED-Führung löste diese Entwicklung blankes Entsetzen aus. Nachdem man Polen wegen der dortigen Demokratisierungsbemühungen intern schon als sozialistisches Bruderland aufgegeben hat-

te, schien nun auch Ungarn wegzubrechen. Dies wog umso schwerer, als dort jedes Jahr hunderttausende Bewohner der DDR ihren Sommerurlaub verbrachten und zu befürchten stand, dass viele sich die Gelegenheit nicht nehmen lassen würden, in Richtung Westen zu flüchten. Dabei irrten sich sowohl Bevölkerung als auch Regierung, denn Ungarn hatte keineswegs vor, seine Grenzen gänzlich zu öffnen. Bis Mitte des Jahres 1989 blieb es ein lebensgefährliches Unterfangen, hier die Flucht nach Österreich zu versuchen. Die

^ *13. August 1989. Am Jahrestag des Mauerbaus fordern DDR-Bürger in Budapest ihre Ausreise in die Bundesrepublik.*

Grenze blieb verschlossen, es wurde weiterhin scharf geschossen. Wer beim illegalen Grenzübertritt erwischt wurde, bekam einen Vermerk in den Reisepass, wurde in die DDR zurückgeschickt und musste mit einer mehrjährigen Gefängnisstrafe rechnen. Erst Anfang August gelangte eine

größere Gruppe Ausreisewilliger nach Österreich, doch der Anfang war gemacht. In der DDR hielt sich hartnäckig das Gerücht, dass man über Ungarn in die Bundesrepublik gelangen könne, und eine Fluchtwelle wachsenden Ausmaßes setzte sich in Bewegung.

^ *Erste Station in der Bundesrepublik: die Notaufnahmelager. Sie füllen sich in der zweiten Jahreshälfte unaufhörlich.*

Was aber bewog die Menschen, ihr bisheriges Leben mit allen Konsequenzen aufzugeben, die gefährliche Flucht zu wagen und in eine ungewisse Zukunft zu starten? Zwei Faktoren spielten dafür eine besondere Rolle: die in der DDR herrschende Unfreiheit und das Konsumbedürfnis der Bevölkerung. Zu diesem Ergebnis gelangte selbst das Ministerium für Staatssicherheit, als es Anfang September unter dem ermüdenden Titel »Hinweise auf wesentliche motivbildende Faktoren im Zusammenhang mit Anträgen auf ständige Ausreise nach dem nichtsozialistischen Ausland und dem ungesetzlichen Verlassen der DDR«[2] eine streng geheime Analyse erstellte. Während die Medien noch immer die Erfolge der SED feierten, es offiziell keine Widersprüche zwischen Herrschaft und Gesellschaft gab und man die Situation noch im Griff zu haben glaubte, erkannte die Geheimpolizei recht klar, wo die eigentlichen Probleme lagen:

»Den größten Umfang im Motivationsgefüge nimmt die Kritik an der Versorgung der Bevölkerung ein. Auf Unverständnis stoßen vor allem anhaltende Mängel bei der kontinuierlichen Versorgung mit hochwertigen Konsumgütern (Pkw, Möbel, Textilien, Schuhe, Heimelektronik) sowie Ersatzteilen, mit Baustoffen und Baumaterialien sowie mit bestimmten Waren des täglichen Bedarfs (z.B. hochwertige Lebensmittel, Frischobst, Gemüse, häufig wechselnde Artikel der ›1000 kleinen Dinge‹).«

Ein Großteil der Bevölkerung war es schlicht leid, in einer Mangelwirtschaft zu existieren, stundenlang in Schlangen vor Geschäften zu stehen und jahrelang auf bestimmte Produkte zu warten. Mittels der Westmedien konnte sie zudem täglich verfolgen, dass dies in der Bundesrepublik ganz anders funktionierte. Das schürte legitime Erwartungshaltungen, die in der DDR nicht gestillt werden konnten. Gleiches galt, auch das stellte das MfS fest, für die vorhandenen Reisemöglichkeiten. Nur, wer als politisch absolut zuverlässig galt, konnte darauf hoffen, in ein Land seiner Wahl reisen zu dürfen. Für alle anderen blieben höchstens die sozialistischen Staaten als Urlaubsziel. Die Bevormundung

2 In: Armin Mitter/Stefan Wolle (Hg.), »Ich liebe euch doch alle…«. Befehle und Lageberichte des MfS, Januar bis November 1989, Berlin 1990, S. 141-147.

durch die Partei, die Entmündigung der Bürger, die hinter diesen Einschränkungen stand, steigerte die allgemeine Unzufriedenheit. Dass diese keineswegs nur aus unerfüllten Konsumwünschen resultierte, dämmerte jetzt auch der Geheimpolizei. Denn in dem von ihr analysierten Themenfeld »Unverständnis über die Medienpolitik der DDR« manifestierte sich weit mehr, als es auf den ersten Blick erschien. Die Kritik an falscher Berichterstattung und mangelnder Pluralität hatte nämlich eindeutig politische Dimensionen, denn sie griff den absoluten Herrschafts- und Informationsanspruch der Partei an. Politische und materielle Frustration führten zu jenem Klima, in dem sich die Fluchtwelle der Bevölkerung entwickelte.

Nachdem ungarische Grenzer am 23. August eine Gruppe Flüchtender mit Waffengewalt aufgehalten und dabei einige Personen verletzt hatten, rührte sich innerhalb und außerhalb des Landes Protest. Die dramatischen Bilder gingen um die Welt und die Regierung in Budapest musste um ihre gerade gewonnene Reputation fürchten. Um den Schaden zu begrenzen, ließ sie nur einen Tag später DDR-Bürger direkt nach Österreich ausfliegen. Wieder war die politische Führung in Ost-Berlin entsetzt. Jetzt war genau das geschehen, was man um jeden Preis verhindern wollte: ein Präzedenzfall, der weitere Bewohner des Landes zur Flucht über Drittstaaten verleiten würde. Fortan galt es als oberstes Gebot, den Alleinvertretungsanspruch für die eigene Bevölkerung durchzusetzen, alle hoheitlichen Rechte wieder in den Griff zu bekommen. Aus diesem Grund sollte die Parteiführung Anfang Oktober auch darauf bestehen, dass die Züge aus Prag über das Territorium der DDR rollen müssten – und damit die schweren Ausschreitungen von Dresden provozieren.

Noch aber war es nicht so weit, die Grenzen noch verschlossen. Bis Ende Juni hatten bereits mehrere tausend Ausreisewillige die DDR verlassen und verharrten in anderen sozialistischen Staaten, neben Ungarn vor allem in der Tschechoslowakei. Da ihr eigentliches Ziel zumeist die Bundesrepublik, der Weg dorthin aber versperrt war, suchten sie ihrem Ansinnen auf andere Art Nachdruck zu verleihen: sie besetzten bundesdeutsche Botschaften, unter anderem in Budapest, Prag und Warschau. Um die daraus folgenden diplomatischen Verwicklungen nicht zu verschärfen, wurden

etliche Missionen Mitte August offiziell geschlossen, doch niemand konnte oder wollte effektiv verhindern, dass immer mehr Personen über die Zäune kletterten und auf dem Botschaftsgelände verblieben. Das Ausmaß dieses Prozesses nahm täglich größere Dimensionen an, die Lage war wahrhaft dramatisch. Im Hochsommer, bei weit über 30 Grad Celsius, kampierten Tausende Frauen, Männer und Kinder auf engstem Raum, in Zelten, Wohnwagen oder gleich unter freiem Himmel. Die Mitarbeiter der Botschaften gaben ihr Bestes, doch auf eine solche Situation war man schlicht

^ *Tausende DDR-Bürger flüchten auf das Gelände der bundesdeutschen Botschaft in Prag: eine wahrhaft dramatische Situation.*

nicht eingestellt. In Prag waren Ende September über 10 000 Ostdeutsche versammelt. Das sprengte das Fassungsvermögen der Botschaft, also lebten immer mehr Menschen in Erwartung ihrer Ausreise auf der Straße. Die tschechoslowakische Regierung wandte sich mehrfach und nachdrücklich mit der Aufforderung an Ost-Berlin, das Problem endlich in den Griff zu bekommen. Die Menschen würden die allgemeine Sicherheit in Prag gefährden, verlassene Autos aus der DDR verstopften die Stadt und es gäbe Anzeichen, dass sich Oppositionelle aus dem eigenen Land mit den Botschaftsbesetzern verbündeten. Ähnlich, wenn auch nicht in ganz so großen Dimensionen, sah es in Budapest aus. Auch hier waren mehrere tausend Menschen in der bundesdeutschen Botschaft versammelt. Als die ungarische Regierung durchblicken ließ, dass sie diese zur Not abermals direkt nach Österreich ziehen lassen würde, sah sich Ost-Berlin zum Handeln gezwungen: »Es wird als notwendig erachtet, bis dahin alle nur möglichen Maßnahmen zu ergreifen, um Einfluss auf die DDR-Bürger, vor allem in den Lagern, zu erlangen.«[3] Erfolg hatte man damit freilich nicht, denn weder mit Drohungen noch mit Versprechen ließen sich die Betroffenen zu einer Rückkehr bewegen.

3 Information über die Lage der sich mit dem Ziel der ständigen Ausreise in der UVR aufhaltenden Bürger der DDR, in: BStU, SdM, Nr. 699.

^ *Ende September wird die Ausreise der Botschaftsflüchtlinge genehmigt. Die Bekanntgabe geht in frenetischem Jubel unter.*

Während des gesamten Sommers 1989 delegitimierten die Berichte aus den bundesdeutschen Botschaften das Regime in Ost-Berlin in bisher nicht gekanntem Ausmaß. Wie verzweifelt mussten die Menschen sein, um lieber auf der Straße zu kampieren als zurückzukehren? Wie verheerend mussten also die Zustände in der DDR sein? Diese Fragen stellte sich die Weltöffentlichkeit immer eindringlicher. Ende September zog die SED-Spitze die Notbremse und erlaubte die Ausreise der Botschaftsflüchtlinge in die Bundesrepublik. Als deren Außenminister Hans-Dietrich Genscher die Nachricht am 30. September vom Gartenbalkon der Prager Botschaft bekannt gab, gingen seine Worte in einem frenetischen Jubel unter. Noch in der gleichen Nacht wurden die Botschaften in Prag und Warschau geräumt und die Besetzer in verriegelten Zügen über das Territorium der DDR in den anderen deutschen Staat überführt. Die SED-Führung glaubte, das Problem damit gelöst zu haben und konnte es sich nicht verkneifen, den Flüchtlingen ihre zynische Meinung mit auf den Weg zu geben: »Sie alle haben durch ihr Verhalten die moralischen Werte mit Füßen getreten und sich selbst aus unserer Gesellschaft ausgegrenzt. Man sollte ihnen deshalb keine Träne nachweinen.«[4] Vor allem aber ließ sie mit diesem Kommentar für alle sichtbar abermals eines erkennen: Dass sie nicht bereit war, über die eigentlichen Probleme nachzudenken.

Drei Tage nach dem Abtransport der Botschaftsbesetzer hatten sich in und um das Gebäude in Prag bereits wieder mehrere tausend Ausreisewillige aus der DDR versammelt; ein zweiter Transport wurde fällig. Obwohl die tschechoslowakische Seite anbot, das selbst und direkt in die Bundesrepublik zu organisieren, bestand Ost-Berlin abermals auf einen Weg über die DDR. Dort hatte sich die Situation inzwischen aber in einem Punkt geändert. Die SED-Führung hatte am 3. Oktober den visumsfreien Reiseverkehr zwischen beiden Ländern aufgekündigt. Das bedeutete nicht weniger, als dass die Bewohner der DDR nun endgültig im eigenen Land gefangen waren. Torschlusspanik machte sich breit, denn die SED-Spitze war offensichtlich nicht gewillt, an ihrer Politik Veränderungen vorzunehmen und verriegelte die

4 Neues Deutschland, 2. Oktober 1989, S. 2.

Grenzen zugleich mehr denn je. Und sie hatte unmissverständlich klargestellt, dass sie sich auch eine »chinesische«, eine gewaltsame Lösung der Probleme vorstellen konnte. Deshalb versuchten in Dresden so viele Jugendliche auf die Züge zu gelangen, deshalb kam es dort zu bürgerkriegsähnlichen Zuständen.

Die Botschaftsbesetzungen hatten eindringlich gezeigt, dass einiges faul war im Staate Honeckers. Die Bedeutung der weltweiten Berichterstattung über die Vorgänge in Prag und andernorts kann kaum hoch genug geschätzt werden, denn sie verstärkte den politischen Druck auf die Machthaber in Ost-Berlin nachhaltig. Zugleich sahen die im Land verbliebenen, unzufriedenen DDR-Bürger, dass sie keineswegs allein mit ihrer Meinung waren und begannen ihren Unmut in zunehmendem Maße auch öffentlich kund zu tun. Das erforderte Mut und trug zu einer Mobilisierung bei, die seit dem Frühsommer ohnehin in Gang gekommen war. Nicht nur außen-, sondern auch innenpolitisch drohte den Machthabern Ungemach. Durch das gemeinschaftliche Agieren vor und nach der Kommunalwahl vom 7. Mai gestärkt, drängten oppositionelle Gruppen immer energischer in die Öffentlichkeit, artikulierten die allgemeine Frustration über die bestehenden Verhältnisse und bekamen daher

^ *Ankunft in der Bundesrepublik. Immer mehr Flüchtlinge drängen nach. Die Situation in der DDR spitzt sich zu.*

einen Zulauf, wie er kurz zuvor noch unvorstellbar gewesen war. Nach der Kommunalwahl hatte die Staatssicherheit geschätzt, dass es landesweit mehr als 160 oppositionelle Vereinigungen gäbe, mindestens fünf davon sollten für den Verlauf der Friedlichen Revolution eine besondere Bedeutung erlangen. Sie alle wurden in oder in der Nähe von Berlin gegründet, waren oft aber über persönliche Kontakte DDR-weit vernetzt und bemühten sich zunehmend um feste landesweite Strukturen. Älteste Gruppe war die Initiative Frieden und Menschenrechte (IFM), die bereits 1986 gegründet worden war. Ausgangspunkt dafür waren wachsende Konflikte mit der Amtskirche, unter deren Dach sich abweichende Meinungen bisher gesammelt hatten. Mit dem unter Diktaturbedingungen nicht unriskanten Entschluss, dieses Dach zu verlassen, eröffnete sich die Möglichkeit, eine größere Öffentlichkeit zu erzielen – ein Schritt, den später auch die anderen Gruppierungen gehen sollten. Ziel der IFM war ursprünglich nicht die Abschaffung des Sozialismus, sondern eine Demokratisierung der DDR. Dazu gehörten so essentielle Belange wie die Durchführung freier Wahlen, Versammlungs- und Reisefreiheit und die Möglichkeit der ungehinderten Meinungsäußerung. Mit dem »Grenzfall« gab die Initiative eine illegal erstellte Druckschrift heraus und meldete sich immer wieder mit Berichten zur Menschenrechtssituation in der DDR zu Wort. Obwohl sie bis 1989 nur

^ *Anfang September wird am Rande Berlins das »Neue Forum« gegründet – eine der wichtigsten oppositionellen Gruppierungen.*

über lose Organisationsstrukturen und keine formalen Mitgliedschaften verfügte, blieb sie ständiger Stachel im Fleisch des SED-Staates. Entsprechend waren sie und die in ihr Arbeitenden ständiger Überwachung, zahllosen Repressionen und sonstiger staatlicher Willkür ausgesetzt.

Ausgerechnet am 40. Jahrestag des Landes gründete sich in Schwante, unweit von Berlin, die Sozialdemokra-

^ *Oktober 1989. Der Protest gegen das SED-Regime weitet sich aus und erobert den öffentlichen Raum.*

tische Partei in der DDR (SDP). Schon ihr Entstehen war eine Provokation gegen die SED. Denn bis 1946 hatte es ja auch in der sowjetischen Besatzungszone eine solche Partei gegeben, die jedoch zwangsweise mit der KPD verschmolzen wurde. Der Anspruch, an alte Traditionen der Arbeiterbewegung anzuknüpfen und zugleich als Partei zu wirken, stellte die Legitimität der SED-Herrschaft entschlossen in Frage und war somit der unmittelbarste Angriff auf die bestehenden Verhältnisse. Seit Beginn des Jahres 1989 hatten die Initiatoren für die Wiederbelebung der Sozialdemokratie geworben, nun nutzten sie den Trubel der Staatsfeiern, um die Gründung zu vollziehen. Die SED und ihr Sicherheitsapparat wussten dem wenig entgegenzusetzen, obwohl sie weitgehend im Bilde waren. Offensichtlich hatte man sich dazu entschieden, keine Märtyrer zu schaffen und sah daher – wie auch bei den anderen Gründungsinitiativen – von Verhaftungen oder ähnlich drastischen Maßnahmen ab.

Bereits am 12. September hatte sich mit dem »Aufruf zur Einmischung in eigener Sache« die Bürgerbewegung Demokratie jetzt (DJ) konstituiert. Sie formulierte grundlegende Demokratiedefizite in der DDR und bot sich als mögliches Bündnis aller reformorientierten Kräfte des Landes an, um die bestehenden Missstände zu beseitigen. Der Sozialismus wurde dabei zunächst nicht grundsätzlich infrage gestellt,

^ *Die Revolution gewinnt zunehmend an Fahrt. Hier eine Veranstaltung am 26. Oktober 1989 in der Christus-Kirche.*

wohl aber die alleinige Führungsrolle der SED, die in der Verfassung der DDR festgeschrieben war – ein Frontalangriff auf die seit über 40 Jahren bestehenden Machtverhältnisse.

Die für den 1. Oktober geplante Gründung des Demokratischen Aufbruchs (DA) in der evangelischen Samaritergemeinde wusste das Regime mittels Polizeieinsatzes zunächst zu verhindern. Dass dabei auch massiver Druck auf die Kirche, deren Mitarbeiter viele der Gründungsmitglieder waren, ausgeübt wurde, bestärkte diese in der Annahme, dass es dringend nötig sei, sich außerhalb der kirchlichen Strukturen zu organisieren. Am 29. Oktober schließlich traten sie mit einem Gründungsaufruf als Partei an die Öffentlichkeit, in dem auch sie die grundlegende demokratische Erneuerung der DDR forderten.

Neben diesen Gruppierungen erlangte insbesondere das Neue Forum (NF) herausragende Bedeutung. Wie keine andere Initiative wurde es zum Sprachrohr für die frustrierte Bevölkerung. Das Neue Forum wollte ausdrücklich keine Partei sein, sondern eine breite politische Sammlungsbewegung, deren Strukturen sich von unten nach oben bilden sollten. Auch das trug zum starken Zulauf bei, denn nach 40 Jahren Einparteienherrschaft misstrauten die Einwohner der DDR offensichtlich zentralistischen Strukturen. Wenige

^ *Das Interesse der Bevölkerung an den neuen Gruppierungen ist riesig, denn sie sprechen die zahllosen Probleme offen an.*

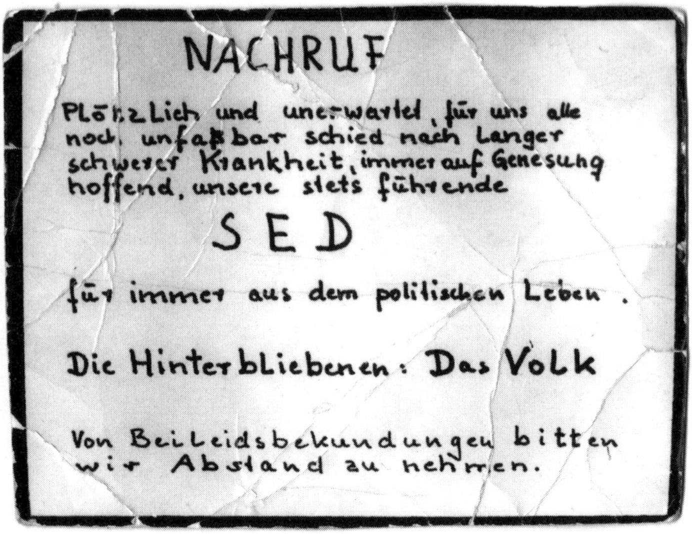

Tage nach dem offiziellen Gründungstreffen vom 9./10. September erging ein erster Antrag auf Zulassung der Vereinigung. Er wurde von den staatlichen Stellen mit der Begründung abgelehnt, dass dafür in der DDR kein Bedarf bestehe. Für den Fall, dass das Verbot von den Initiatoren missachtet würde, wurden rechtliche Konsequenzen angedroht. Doch davon ließ sich kaum noch jemand aufhalten. Allmählich geriet die DDR in Bewegung und die Kraft des Faktischen überrollte alsbald die Polit-Bürokratie.

Nur eine politische Kraft verharrte in jeglicher Hinsicht in Bewegungslosigkeit: die SED. Obwohl es auch in ihrer Mitgliedschaft massive Unmutsbekundungen über die bestehenden Verhältnisse gab, vermied es die Parteiführung, über die Notwendigkeit von Reformen auch nur nachzudenken. So bestätigte das Politbüro Ende September die Nicht-Zulassung des Neuen Forums und hielt intern fest: »Die Entscheidung ist endgültig.«[5] Noch immer glaubte man im inneren Führungszirkel, endgültige Wahrheiten zu kennen, die nicht infrage gestellt zu werden brauchten. So aber wurde die inzwischen manifeste Krise nicht bekämpft,

5 Protokoll der SED-Politbüro-Sitzung vom 26. September 1989, in: SAPMO-BArch, DY 30 /J IV 2/2A/3241.

^ *Mit Kreativität gegen das erstarrte System. Noch bevor die SED ihre Macht abgeben muss, wird sie vom Volk für tot erklärt.*

sondern verdrängt, und spitzte sich weiter zu. Insbesondere der öffentlich zur Schau gestellte Unwille, sich mit den Problemen auseinanderzusetzen, sorgte für ständig größere Missbilligung. Wenn Honecker etwa in seiner Festansprache zum Tag der Republik betonte, dass der Sozialismus nicht nur dem eigenen Volk, sondern der ganzen Menschheit neue Hoffnung gebe, so war dies nicht einfach nur realitätsfremd. Vielmehr mussten diese Worte wie Hohn in den Ohren jener klingen, die Reformen forderten. Doch je mehr sich die SED-Spitze an ihren Kurs klammerte, umso mehr Zulauf erhielten die oppositionellen Gruppierungen. Sie boten, was die Staatspartei verweigerte: offenen Dialog, Lösungsvorschläge und damit tatsächlich die Aussicht auf eine bessere Zukunft.

Im Verlauf des Sommers waren somit verschiedene Entwicklungen zusammengetroffen. Der Unmut der Bevölkerung begann sich immer stärker zu artikulieren, die neuen Initiativen boten sich als Sprachrohr für Reformforderungen an und die Sowjetunion hatte deutlich gemacht, dass sie in keinem Fall militärisch eingreifen würde. Noch aber war es recht still auf den Straßen der DDR. Was fehlte, war ein Auslöser für den offenen, massiven Widerstand gegen die bestehenden politischen Strukturen. Anfang Oktober war es so weit, und daraus ergab sich eine Dynamik, die von keinem der Beteiligten auch nur im Ansatz erwartet wurde.

70

WIR SIND DAS VOLK!

HERBST DER ENTSCHEIDUNGEN

Es dauerte lediglich zwei Monate, und nichts war in der DDR mehr wie gewohnt. Als sichtbarste Zeichen der kommenden Veränderung standen am Beginn die Unruhen von Dresden, dann folgte wenige Tage später der brutale Einsatz des Sicherheitsapparates gegen friedliche Demonstranten in Ost-Berlin. Dazu hatte auch eine Warnung von sowjetischer Seite beigetragen, dass es Versuche geben könne, am 7. Oktober die Mauer zu durchbrechen. In deren Nähe kamen die Protestierenden in jener Nacht freilich zu keinem Zeitpunkt. Nun schaute alles auf Leipzig, denn es war absehbar, dass in der Messestadt die nächste größere Demonstration stattfinden würde. Schon seit geraumer Zeit wurden in der dortigen Nikolaikirche montags Friedensgebete ausgerichtet, an die sich ab dem 25. September 1989 öffentliche Demonstrationen über den Innenstadtring anschlossen. Bisher hatte die Staatsmacht auf allzu offensichtliche Gewaltmaßnahmen verzichtet, denn nichts sollte die Feierlichkeiten zum 40. Tag der Republik in Berlin trüben. Gleichwohl war die Teilnahme an Protestkundgebungen zu diesem Zeitpunkt mit einem hohen persönlichen Risiko verbunden. Denn noch immer gab es den Tatbestand der »Zusammenrottung«. Paragraph 217 des DDR-Strafgesetzbuches legte fest, dass jeder, der sich an nicht genehmigten »Ansammlungen« beteiligte, zu einer Freiheitsstrafe von bis zu zwei Jahren verurteilt werden konnte, Organisatoren derselben gar mit bis zu acht Jahren Haft rechnen mussten. Auf dieser Grundlage hatte es zuvor in mehreren Städten

< *Der Anfang vom Ende. Das Regime setzt zunächst auf Gewalt gegen die Demonstranten, muss aber bald zurückweichen.*

der DDR Verhaftungen gegeben, gegen die sich wiederum zivilgesellschaftliches Engagement regte. So war seit Anfang Oktober in der Berliner Gethsemanekirche eine dauerhafte Mahnwache für die Inhaftierten eingerichtet, die nicht auf den engen Kreis der Opposition beschränkt blieb, sondern auch Unterstützung bei der Bevölkerung der Stadt fand.

Das Leipziger Friedensgebet vom 9. Oktober 1989 fand zeitgleich in vier Kirchen statt. Den ganzen Tag hatte es Gerüchte über anrollende Panzer und bereitstehende Blut-

^ *Die Gethsemanekirche im Prenzlauer Berg wird zu einem Zentrum des Widerstands, Kerzen zu einem wichtigen Symbol.*

konserven gegeben. Tatsächlich wurden etwa 8000 Sicherheitskräfte in die Stadt verlegt, und bis zum Schluss stand zu befürchten, dass sie gewaltsam zum Einsatz kommen würden. Doch der Befehl dazu blieb aus. Unter dem Eindruck der vergangenen Tage hatten die DDR-Bürger endgültig ihre Zurückhaltung, ihre Sprachlosigkeit abgelegt und strömten nach Leipzig. Im Gegensatz zur Vorwoche kamen mehr als vier Mal so viele Teilnehmer: 70 000 Menschen füllten die Straßen und griffen die inzwischen bekannten Losungen auf: »Wir sind das Volk!«, Keine Gewalt!«. Es war die schiere Menge, vor der der scheinbar allmächtige Sicherheitsapparat jetzt kapitulieren musste, der Abend verlief friedlich.

In Leipzig wurde somit deutlich, dass eine »chinesische« Lösung der anstehenden Probleme nicht mehr möglich sein würde – zu breit war inzwischen die Basis jener, die sich aktiv einbrachten und Veränderungen forderten. Dies dämmerte auch der SED-Führung in Berlin, die nun erstmals begann, über ihre eigene Position nachzudenken. Weit kam sie dabei nicht, denn als sie am 10. Oktober im Politbüro eine Erklärung verabschiedete und diese in den Folgetagen über die Medien verbreitete, sprach sie darin zwar von »vertrauensvoller Zusammenarbeit« und ließ Bereitschaft zum Dialog erkennen, blieb ansonsten aber ihren ideologischen Worthülsen treu. Schuld am prekären Zustand der DDR sei der »Imperialismus in der BRD«. Er habe die Fluchtwelle der letzten Monate organisiert und sei auch ansonsten für alle

^ *Über so genannte Kontakttelefone laufen Informationen aus allen Regionen in Ost-Berlin ein und werden hier ausgewertet.*

weiteren Missstände verantwortlich zu machen. Die Partei treffe keine Schuld. Die Erklärung schloss mit den viel sagenden Sätzen:

»Der Sozialismus auf deutschem Boden steht nicht zur Disposition. Das Volk der Deutschen Demokratischen Republik hat sich für immer für den Sozialismus entschieden. … Unser Arbeitsplatz bleibt unser Kampfplatz für Sozialismus und Frieden.«[1]

1 Neues Deutschland, 12.10.1989, S. 1.

^ *Gespenstische Ruhe. Staatssicherheit und Polizei marschieren auf, um jeden Protest im Keim zu unterdrücken.*

Gerade vor dem Hintergrund der Wahlfälschungen vom Mai klangen diese Worte absurd, und sie entsprachen auch ansonsten nicht mehr den Realitäten. Zwar forderte zu diesem Zeitpunkt tatsächlich kaum jemand die Abschaffung des Sozialismus oder der DDR, doch erste Weichen dorthin waren bereits gestellt. Schon am 4. Oktober hatte eine so genannte Kontaktgruppe der oppositionellen Gruppen in Berlin die Arbeit aufgenommen, zu einem Zeitpunkt also,

^ *Nicht nur in Berlin (oben), sondern auch in anderen Orten kommt es am 7. Oktober zu Unruhen, wie etwa in Plauen (unten).*

da sich noch nicht einmal alle der beteiligten Vereinigungen offiziell konstituiert hatten. Vorrangige Ziele der Kontaktgruppe waren gegenseitige Vernetzungen und eine gewisse Koordinierung der anstehenden Arbeit. Obwohl sich die meisten der Mitwirkenden seit Jahren kannten, verlangte die Vielzahl der offenen Fragen und der daraus resultierenden Aufgaben nach einer formalen Absprache, wenn man sich gegen die SED behaupten wollte. Bereits in der ersten Sitzung wurde eine gemeinsame Erklärung verabschiedet, in der unter anderem die Verwirklichung der Menschenrechte und demokratische Wahlen gefordert wurden. Damit aber war – gewollt oder ungewollt – der Sozialismus in der DDR insgesamt infrage gestellt, denn beide Forderungen waren mit ihm schlicht nicht vereinbar.

Neben den sich allmählich etablierenden Parteien und Sammlungsbewegungen spielte eine weitere Kraft eine Rolle für den Verlauf der nächsten Wochen. Über das Stadtgebiet Ost-Berlins verteilt, hatten sich seit den 1970er Jahren sehr unterschiedliche alternative Friedenskreise, Menschenrechts-, Frauen-, Umwelt- und viele weitere Gruppen gebildet, die zumeist kirchliche Räume nutzten und mannigfaltige Ziele verfolgten. Auch die Umwelt-Bibliothek hatte sich nach der zwischenzeitlichen Besetzung durch die Staatssicherheit wieder erholt, druckte Untergrundzeitschriften und

^ *Am 23. Oktober machen oppositionelle Gruppen den brutalen Einsatz der Sicherheitskräfte öffentlich.*

blieb Ort des Informationsaustausches. Von diesen Gruppen bzw. Einrichtungen und ihren oft jungen Mitstreiter ging ebenfalls ein hohes Maß an Dynamik aus. Sie mobilisierten im Vorfeld von Demonstrationen Protestpotential, nahmen selbst an den Veranstaltungen teil, organisierten Mahnwachen, verteilten Flugblätter und machten immer wieder mit Aktionen auf sich aufmerksam. Der Mobilisierungseffekt, den sie dadurch erzielten, trug effektiv dazu bei, dass die Demonstrationen nun nicht mehr abrissen.

Die SED-Führung hingegen suchte weiterhin nach einem Ausweg aus der verfahrenen Situation. Mitte Oktober glaubte man ihn gefunden zu haben. Was folgte, war eine Palastrevolte, die der langjährige Kronprinz anführte. In der Politbürositzung am 17. Oktober wurde Erich Honecker handstreichartig seiner Parteiämter enthoben und ersetzt durch – Egon Krenz. Ausgerechnet Krenz, der für den Wahlbetrug vom 7. Mai verantwortlich zeichnete und die blutige Niederschlagung der chinesischen Demokratiebewegung mehrfach öffentlich gelobt hatte, sollte nun die Partei in die Offensive führen. Bereits einen Tag später war der Plan faktisch gescheitert. Denn die landesweit ausgestrahlte Fernsehansprache des neuen SED-Vorsitzenden, mit der er die von ihm so titulierte »Wende« einzuleiten versuchte, wurde in weiten Teilen der Bevölkerung als Fiasko angesehen. Das hatte einerseits mit Krenz' Habitus zu tun, der voll und ganz dem Typus des alten, unflexiblen Polit-Bürokraten entsprach, dem jegliches Charisma fehlte. Vor allem aber war es der Inhalt seiner Rede, der empörte. Das ganze Land war in Aufruhr, nur Krenz schien das noch nicht so richtig gemerkt zu haben. Zwar kündigte er nebulös einen innenpolitischen Dialog an, doch darüber hinaus verfiel er wieder in alte Inhalte und Sprachregelungen: die Errungenschaften des Sozialismus seien zu sichern, die führende Rolle der SED dürfe nicht angerührt werden, und überhaupt sei sie es, die immer an der Spitze gesellschaftlicher Umwälzungen in der DDR gestanden habe. Mit seiner Inthronisierung sei die »Wende« nun herbeigeführt und die Partei wieder im Aufwind.

Der Protest gegen so viel Realitätsverweigerung ließ nicht lange auf sich warten. Das Neue Forum rief die Volkskammer, das Scheinparlament der DDR, dazu auf, Krenz nicht auch noch in die höchsten Staatsämter zu wählen, in denen

78

^ *Leipzig wird zwischenzeitlich zum Brennpunkt der Revolution. Die Staatsmacht schreitet nicht mehr gegen die Proteste ein.*

er Honecker ebenfalls nachfolgen sollte. In der SED wurden Stimmen laut, die Krenz als »Fehlbesetzung« bezeichneten und die Berliner Bevölkerung brachte es auf den Punkt, wie die Staatssicherheit auch jetzt noch nicht müde wurde zu notieren:

»Vorwiegend mit Skepsis, aber auch vielfach mit Ablehnung wird die Wahl des Genossen Krenz als neuen Generalsekretär des ZK der SED betrachtet. Weit verbreitet sind Gerüchte, dass der Genosse Krenz krank sei. Erste Reaktionen aus Betrieben und Einrichtungen der Hauptstadt nach Bekanntgabe der Wahl waren oft von Betroffenheit seitens der Bürger gekennzeichnet. Aus vielen Meinungsäußerungen geht hervor, dass man dem Gen.[ossen] Krenz nicht zutraue, die als notwendig betrachtete neue Politik zu vollziehen. Er sei ein Vertreter der Politik der bisherigen Führung, die das Land in eine komplizierte Lage gebracht habe.«[2]

Der große Befreiungsschlag war daneben gegangen. Doch noch hatte die Partei die Macht im Land und gedachte sie auch weiterhin auszuüben. Also wurde Krenz am 24. Ok-

2 Information über Meinungen von Bürgern der Hauptstadt der DDR, Berlin, vom 19. Oktober 1989, in: BStU, MfS, Berlin XV, Nr. 49.

^ *Am 24. Oktober versucht die SED den Befreiungsschlag. Doch das geht schief, die Demonstrationen nehmen weiter zu.*

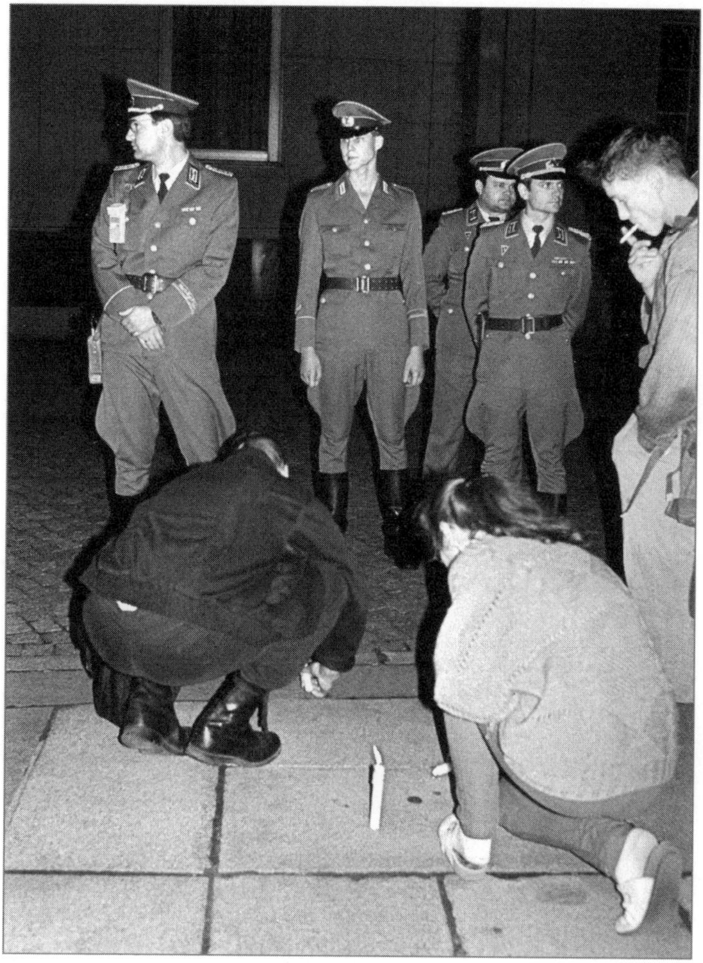

tober als Vorsitzender des Staatsrates und des Nationalen Verteidigungsrates tatsächlich in höchste Ämter eingeführt. Der Protest dagegen kam auch dieses Mal prompt und war massiv, 12 000 Menschen demonstrierten in den Abendstunden in der Innenstadt. Erzürnt über die Ignoranz der Macht, die sich augenscheinlich weigerte, die Notwendigkeit von Veränderungen überhaupt wahrzunehmen, radikalisierten sich auch die erhobenen Forderungen. Nun wurde mehr denn je die Zulassung der neuen Parteien und Bewegungen verlangt, ebenso demokratische Wahlen und unein-

^ *Die Wahl von Egon Krenz zum neuen Staatsratsvorsitzenden stößt auf breite Ablehnung. Kerzen als Symbol des Protestes.*

geschränkte Reisefreiheit. Und es rückte eine Institution in den Blick der Demonstranten, die für den Verlauf der Revolution noch entscheidende Bedeutung erlangen sollte: das Ministerium für Staatssicherheit. Da sich dieses Ministerium noch nie parlamentarischer oder gar öffentlicher Kontrolle unterwerfen hatte müssen, wusste niemand so recht, was genau es war und wie es funktionierte, doch eines war klar, und das hatten viele der Demonstranten im Verlauf der Jahre zu spüren bekommen: Es war eines der wichtigsten Machtinstrumente der SED, und es hatte das Land mit einem Überwachungs- und Repressionsapparat überzogen, der jeglichen Widerspruch im Keim erstickte. Deshalb wurde seine Auflösung nun allmählich zu einem zentralen Bestandteil des Forderungskatalogs, immer öfter hieß es auf den Straßen »Stasi in die Produktion!«.

Daneben begann sich ein zweites Thema langsam aber kontinuierlich Bahn zu brechen: die Wiedervereinigung Deutschlands. Noch war es nur eine verschwindend kleine Minderheit, die sich damit auseinandersetzte, doch das sollte sich bald ändern. Als etwa der Regierende Bürgermeister von West-Berlin, Walter Momper (SPD), Ende Oktober mit führenden Vertretern des Neuen Forum zusammentraf, war man sich weitgehend einig, dass die Mauer wegen der Fluchtmöglichkeiten über Osteuropa ihre Funktion zwar verloren habe, die Idee eines vereinten deutschen Staates aber jenseits aller Realitäten stehe. Zeitgleich wuchsen auf der Straße genau jene Forderungen spürbar an – die Lage blieb unübersichtlich und kompliziert, die Zukunft weiter unklar.

Eines aber wurde nun zur festen Größe: die Demonstrationen der Bevölkerung gegen das SED-Regime und seine Folgen. In Ost-Berlin gab es zwischen dem 23. und dem 29. Oktober 1989, innerhalb von nur einer Woche, über 130 Protestzüge, an denen sich etwa eine halbe Million Menschen beteiligten. In friedlichen Gruppen zogen die Menschen durch die Stadt, artikulierten ihre Ansprüche, ließen sich jedoch nicht provozieren und stellten Kerzen vor Gebäuden von Partei und Regierung ab. Ähnliches vollzog sich überall im Lande. Die Revolution gewann unaufhörlich an Fahrt, die Machthaber hatten ihr Volk ganz offensichtlich nicht mehr im Griff. Mehr noch. Nach über vierzig Jahren Alleinherrschaft, stand Ende Oktober auch Folgendes fest: »Wir sind nicht mehr in

der Lage, durch polizeiliche Maßnahmen die Formierung der inneren Opposition aufzuhalten.«[3] Als dann auch noch die so genannten Blockparteien, die im Auftrag der SED seit Gründung der DDR ein Mehrparteiensystem simuliert hatten, auf Abstand gingen und ein eigenes Profil zu entwickeln versuchten, bröckelte es an allen Ecken und Enden.

In der SED begann sich nun die Erkenntnis durchzusetzen, dass es mittlerweile um das nackte politische Über-

3 Dienstberatung im Ministerium für Staatssicherheit vom 21.10.1989, in: BStU, MfS, HA VII, Nr. 473.

^ *Ab Ende Oktober versucht sich die SED-Führung in Gesprächen mit der Bevölkerung. Darin nicht geübt, scheitert sie.*

leben ging. Also versuchte man allmählich Strategien zu entwickeln, die dem Machtverfall effektiv entgegenwirken sollten. Neben den üblichen Verfahren – Ausforschung der Opposition durch das MfS, versuchte Einflussnahme über die Amtskirche usw. – sollten nun zunehmend neue Allianzen geschlossen werden. Man begann, die Bevölkerung zu umgarnen, wenn auch nur mit sehr begrenztem Erfolg. Die Reisebeschränkungen von Anfang Oktober in Richtung Tschechoslowakei wurden aufgehoben, schnelle Lösungen für die aufgestauten Probleme zugesichert und nun auch das Gespräch mit den Bürgern inszeniert. So fanden am 29. Oktober 1989 erstmals öffentliche Gespräche statt. Die Reaktionen waren überwältigend: Vor dem Roten Rathaus versammelten sich 20 000 Menschen, an anderen Orten der Innenstadt noch mehr. Über mehrere Stunden hinweg wurde im Rahmen der »Sonntagsgespräche« in bisher nicht gekannter Offenheit über bestehende Missstände gesprochen. Doch die Vertreter der SED, vor allem ihr Ost-Berliner Statthalter, Günter Schabowski, hatten einen schweren Stand. Trotz ihrer Offenheit konnten sie keine bindenden Zusagen treffen, eine Vielzahl der Anwesenden traute den alten Funktionären nicht mehr – sie wurden zeitweise gnadenlos ausgepfiffen.

Auch die neuen Parteien und Sammlungsbewegungen sollten nun möglichst neutralisiert, bestenfalls vereinnahmt werden. Offiziell arbeiteten sie noch immer illegal, denn die SED-Führung berief sich nach wie vor darauf, dass allein sie die Interessen der Bevölkerung vertrete. So legte das Politbüro der Partei noch am 24. Oktober (dem Tag der Amtseinführung von Krenz) fest, dass die Gründung der Sozialdemokratischen Partei in der DDR verfassungswidrig und damit strafbar sei. Doch die Realität sah längst anders aus. Die Bevölkerung forderte die Zulassung der Gruppierungen immer offensiver, und verhindern konnte das die Monopolpartei kaum noch. Also änderte sie ihren Kurs und suchte nach möglichen Verbündeten, die sie instrumentalisieren konnte. Auf den ersten Blick unverständlich, fiel ihr Blick dabei offensichtlich auf das Neue Forum. Es artikulierte wie keine zweite Kraft die Hoffnung der Bevölkerung und verfügte landesweit über zahllose Unterstützer. Doch genau das machte es für die alte Macht interessant. Und es kamen weitere Verlockungen hinzu: die führenden Köpfe der Sammlungsbewegung betonten intern wie öffentlich, dass die Verfassung der DDR von ihnen nicht grundlegend infrage gestellt würde, der Sozialismus nicht zur Disposition stehe und sie nicht danach strebten, eine strukturell gut organisierte Institution oder gar Partei zu werden. Basisdemokratisch sollten sich die Strukturen von unten nach oben bilden. In Konspiration, Desinformation und Unterwanderung geübt, sahen SED-Führung und ihr Sicherheitsapparat hier offensichtlich einen Ansatzpunkt, um in die Phalanx der neuen Bewegungen einzudringen: »Das ›Neue Forum‹ sollten wir als Dialogpartner anerkennen und in der Nationalen Front eingliedern, aber keine Strukturen zulassen.«[4] Derartige Planspiele blieben in letzter Konsequenz Illusion, doch offen ist bis heute, inwiefern es der SED-Spitze faktisch gelang, Einfluss zu nehmen. Gleiches gilt auch für die so genannten Sicherheitspartnerschaften, die jetzt von der Parteiführung in vielerlei Hinsicht als adäquates Mittel angesehen wurden, um in Kooperation mit arglosen Bürgern auch die eigenen Interessen umzusetzen. Diese Themenkomplexe zeigen, wie verworren und vielschichtig die Lage war, wie differenziert die Beteiligten agierten und wie intensiv die SED nun zumindest versuchte, das Heft des Handelns wieder in die Hand zu bekommen.

Wie sehr es ihr entglitten war, zeigte sich in den ersten Novembertagen. Bereits seit einiger Zeit liefen die Vorbereitungen für eine große öffentliche Veranstaltung im Zentrum Ost-Berlins. Von Künstlern beantragt, von den Machthabern nur unter dem Zwang der Ereignisse genehmigt, wurde sie zum Gradmesser der politischen Kräfteverhältnisse. Die SED-Führung versuchte im Vorfeld, auf jede erdenkliche Art Einfluss zu nehmen, hatte dabei aber kaum Erfolg. Denn auch die neuen Parteien und Bewegungen hatten das Potential des Ereignisses erkannt und bereiteten sich intensiv darauf vor. Insbesondere das Neue Forum, das von vielen als Veranstalter vermutet wurde, engagierte sich, stellte Ordner und forderte engagiert »Keine Gewalt!«. Im staatlichen Sicherheitsapparat war zuvor entschieden worden, dass man nur dann eingreifen würde, wenn es Versuche gäbe, die Mauer zu durchbrechen. Das war offensichtlich

4 Vorlage von Horst Dohlus für das SED-Politbüro vom 27. Oktober 1989, in: SAPMO-BArch, DY 30/J IV 2/2A/3252.

Information vom Verband der Theaterschaffenden

Demonstration

gegen Gewalt und fuer verfassungsmaessige Rechte

(Demonstration ist offiziell angemeldet)

Zeit: 4.11.89 10 Uhr

Treffpunkt: ADN-Gebaeude

(Mollstrasse/Prenzlauer Allee)

Plakate sind erwuenscht

die größte Angst des Regimes – dass es hier spontan zu Vereinigungstendenzen kommen könne. Doch derartige Befürchtungen waren unbegründet.

Am Vorabend der Veranstaltung versuchte Krenz noch einmal, die Lage zu seinen Gunsten zu beeinflussen. In einer von Radio und Fernsehen übertragenen Rede betonte er den Reformwillen seiner Partei, versprach baldige Reiseregelungen für alle DDR-Bürger und kündigte den Rücktritt zahlreicher Alt-Kader aus ihren Spitzenämtern an. Beeinflussen konnte er damit kaum noch jemanden. Am Folgetag, dem 4. November 1989, versammelten sich auf dem Alexanderplatz mehrere hunderttausend Menschen, die größte öffentliche Zusammenkunft in der Geschichte der DDR nahm ihren Lauf. Nachdem ein Protestzug mit den inzwischen allen bekannten Forderungen durch die Innenstadt gezogen war, traten auf dem Alexanderplatz fast dreißig Redner aus dem gesamten gesellschaftlichen Spektrum auf und gaben ihre Lagebeurteilung sowie ihre Visionen für die Zukunft kund. Von einer Abschaffung der DDR war dabei nicht die Rede, vor allem stand die Reform des Sozialismus im Mittelpunkt der meisten Ausführungen. Die Reaktion der Teilnehmer auf die Beiträge war jedoch höchst unterschiedlich. Bekannte SED-Politiker wurden gnadenlos ausgepfiffen. Weniger prominenten Vertretern der Partei, die plötzlich zu Reformern mutiert waren, schlug durchaus Wohlwollen

^ *Am 4. November 1989 findet in Ost-Berlin die größte Demonstration statt, die die DDR je erlebt hat.*

entgegen. Und Vertreter der Bürgerrechtsbewegung wurden euphorisch gefeiert. Insgesamt bis zu einer Million Menschen, vom DDR-Fernsehen live übertragen, machte an diesem Tag klar, wo die Sympathien der Bevölkerung lagen.

Das spitzte sich zu, als die SED-Führung am nächsten Tag die versprochenen Reiseregelungen bekannt gab, die sie bereits vor einiger Zeit beschlossen hatte. Demnach sollte es für die Bewohner der DDR ab sofort prinzipiell

^ *Impressionen eines Aufbruchs.*

^ *Energische Forderungen nach dem Ende des Regimes. Das betrifft auch all jene Organisationen, die es seit langem stützen.*

zwar möglich sein zu reisen, doch nur nach Antragstellung und Genehmigung durch die SED-Bürokratie und nur für einen begrenzten Zeitraum. Zudem blieb völlig offen, woher die notwendigen Fremdwährungen kommen sollten. Denn mit der Mark der DDR, das war klar, würde niemand weit kommen. Die Regelungen lösten eine neuerliche Protestwelle aus. Sie zeigten nämlich, dass keineswegs daran

^ *Günter Schabowski, SED-Chef von Ost-Berlin, tritt vor die Demonstranten. Er wird gnadenlos ausgepfiffen.*

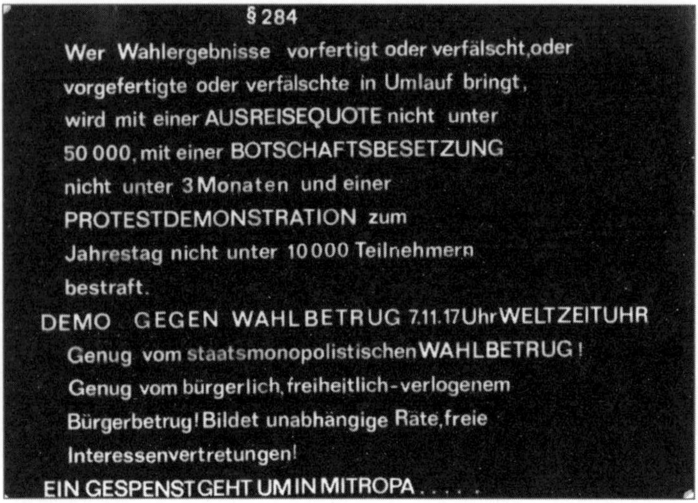

gedacht war, den mündigen Bürger selbst entscheiden zu lassen. Doch inzwischen hatte genau der sich auf der Straße emanzipiert und dachte gar nicht mehr daran, sich von einer Partei sein weiteres Agieren vorschreiben zu lassen. Daran vermochte auch der Umstand nichts zu ändern, dass am 7. November die langjährige Regierung unter Willi Stoph (SED) zurücktrat.

Dann wirbelte ein Ereignis von Weltrang die Abläufe gänzlich durcheinander. Nebenbei zeigte es, wie chaotisch die Zustände innerhalb des verfallenden Machtapparates tatsächlich waren. In Berlin tagte seit dem 8. November das Zentralkomitee der SED, um über den weiteren Kurs zu debattieren und die Weichen in Richtung Zukunft zu stellen. Nicht nur in der Bevölkerung, auch an der Parteibasis war der Unmut kaum noch unter Kontrolle zu halten. Um die Beschlüsse möglichst schnell in die Öffentlichkeit zu transportieren, gab es jeden Abend, um 18:00 Uhr, eine im DDR-Fernsehen live übertragene Pressekonferenz. Am ersten Tag war das SED-Politbüro zurückgetreten, das hatte für einige Aufregung gesorgt. Dann kam der 9. November. Gepflegte Langweile machte sich unter den Journalisten breit, denn Grundlegendes gab es nicht zu berichten. Die Pressekonferenz war fast vorbei, da erkundigte sich ein italienischer Journalist nach dem aktuellen Stand der Reiseregelungen.

^ *7. November 1989. Noch immer gehen die Proteste gegen die Wahlfälschung vom Mai weiter.*

Günter Schabowski, der die Beschlüsse des Zentralkomitees vor laufenden Kameras zu erläutern hatte, zog einen Zettel hervor, dessen Inhalt ihm anscheinend nicht sonderlich vertraut war. Was er dann bekannt gab, sollte in die Geschichtsbücher eingehen: Allen Bürgern der DDR sei es erlaubt, ohne gesonderte Voraussetzungen – aber wohl mit Visum – aus der DDR auszureisen. Auf Nachfrage bestätigte er, dass dies auch nach West-Berlin möglich sei. Probleme bereitete

^ *Am 9. November 1989 erzwingt die Bevölkerung der DDR den Mauerfall. Auslöser sind unklare Äußerungen Schabowskis.*

ihm die Frage, ab wann diese Regelung denn gelte. Für jeden erkennbar überfordert, weil über die Einzelheiten nicht informiert, legte er sich dennoch fest: Das gelte ab sofort. Die Langeweile im Saal war jetzt verflogen, die Journalisten in heller Aufregung. Doch die letzte Nachfrage beantwortete Schabowski nicht mehr, sondern brach die Pressekonferenz mit Verweis auf die Zeit ab. Diese letzte Frage hatte gelautet, was denn jetzt mit der Berliner Mauer geschehen würde.

^ *Die Nacht der Nächte. Zuerst öffnet sich die Mauer an der Bornholmer Straße, wenig später auch am Brandenburger Tor.*

Die Antwort darauf gaben die Berlinerinnen und Berliner noch in der gleichen Nacht. In Schabowskis Ausführungen war weder gesagt worden, dass die Grenze jetzt offen, noch, mit welchem Verfahren der Übergang in die andere Stadthälfte möglich sei. Hier war schlicht ein medialer Supergau geschehen, die Informationen hätten noch gar nicht an die Öffentlichkeit gelangen dürfen, da die Details ungeklärt waren. Als im Verlauf des Abends immer mehr Ost-Berliner

^ *Das Interesse am Mauerfall ist riesig. Die Weltpresse versammelt sich, Besucherströme ergießen sich in beide Stadtteile.*

an die Grenzübergangsstellen kamen, um die offenen Fragen vor Ort zu klären, waren die Wachen dort ebenso ratlos. Schlimmer noch: Niemand in der langen Befehlskette, an deren Ende sie standen, konnte ihnen Auskunft geben, und es drängten immer mehr Menschen an die Grenze. Gegen 23:30 Uhr waren es so viele, der Druck der Massen so groß, dass nur noch eine Möglichkeit blieb. Der Übergang an der Bornholmer Straße wurde für alle geöffnet, nach über 28 Jahren war die Mauer wieder durchlässig. Zahllose weitere Über-

^ *Berlin droht im Chaos zu versinken, doch die Menschen nehmen es gelassen. Ost-Berliner stehen Schlange vor der Auszahlstelle …*

gänge sollten in der gleichen Nacht folgen, allein am 10. November passierten nach internen Angaben mehr als eine halbe Million Menschen die Grenze vom Ost- zum Westteil der Stadt; die tatsächliche Zahlen dürften noch höher gelegen haben. Auf dem Kurfürstendamm im Zentrum West-Berlins herrschte Ausnahmezustand, Menschen tanzten am Brandenburger Tor auf der Mauer. Infolge der revolutionären Veränderungen, die von der Bevölkerung der DDR erzwungen wurden, fiel das martialischste Symbol des Kalten Krieges. Und jeder politisch halbwegs Informierte ahnte, dass dies die Rahmenbedingungen fundamental verändert hatte.

^ *... vom Begrüßungsgeld, an den Grenzübergängen staut es sich. Veränderung liegt in der Luft, Freude überwiegt.*

^ *Berlin, November 1989. Die Teilung ist überwunden.*

WIR SIND EIN VOLK!

AUF DEM WEG ZUR DEUTSCHEN EINHEIT

Seit Ende Oktober hatte es vereinzelt Forderungen nach einem vereinigten Deutschland gegeben, nun breitete sich diese Idee insbesondere auf den Straßen, innerhalb der Demonstrationszüge aus. Während Künstler, Intellektuelle, Mitstreiter der Bürgerbewegung und Politiker in dem öffentlichen Aufruf »Für unser Land« noch Ende November die Eigenständigkeit der DDR als bewahrenswert deklarierten, hatte sich schon zuvor der Wind spürbar gedreht. Aus »Wir sind das Volk!« wurde nun in beständig zunehmendem Maße »Wir sind ein Volk!«. Nicht erst mit dem Auftritt des bundesdeutschen Kanzlers Helmut Kohl am 19. Dezember 1989 in Dresden veränderte sich die Stimmung, bereits mit dem Mauerfall rückte die Idee eines einheitlichen Staates ins Zentrum des allgemeinen Interesses. Diese Idee war durchaus nicht unumstritten, doch wirkungsmächtig.

Zunächst aber setzten sich die Veränderungen innerhalb der DDR fort. Jetzt überschlugen sich die Ereignisse. Notgedrungen fand sich die SED mit der Tatsache ab, dass sie kaum als Monopolpartei weiterbestehen konnte und versuchte, den Übergang in neue Zeiten möglichst verlustfrei zu gestalten. Bereits am 8. November hatte es eine Umgestaltung des Politbüros gegeben, viele aus der alten Garde mussten gehen, Krenz jedoch blieb vorerst weiter Generalsekretär der Partei. Am 17. November schließlich trat die neue Regierung an, der allerdings nur die gewohnten DDR-Parteien angehörten. Die Opposition blieb erst einmal außen vor, die SED behielt die Mehrheit. Im alten Stile still-

< *Verschlungen, vielschichtig und nicht unumstritten: der Weg zur deutschen Einheit. Auch die Gegner formieren sich.*

schweigend vom Politbüro der SED genehmigt, wurde nun Hans Modrow Vorsitzender des Ministerrats und damit neuer Hoffnungsträger der Partei. Als solcher wurde er durchaus auch in Teilen der Bevölkerung angesehen, doch er hatte eine stramme SED-Parteikarriere hinter sich und als zuständiger Bezirkschef die Brutalitäten in Dresden von Anfang Oktober zu verantworten. Das ging in der allgemeinen Aufbruchstimmung allerdings unter; was zählte, war, dass die alte Garde nun endlich abtrat.

Das tat sie selbstredend nicht freiwillig. Neben dem Druck von der Straße war auch die politische Opposition nach wie vor aktiv und wirkte auf das Ende der de facto noch immer existierenden, wenn auch abgeschwächten und kaschierten SED-Alleinherrschaft hin. Dabei wurde eine doppelte Strategie verfolgt. Einerseits arbeitete jede Partei und Sammlungsbewegung daran, landesweit eigene Strukturen aufzubauen, nun auch verstärkt mit Unterstützung etablierter Institutionen aus der Bundesrepublik. Daneben arbeitete die Kontaktgruppe weiter und unterbreitete im Namen aller beteiligten Vereinigungen zahlreiche Vorschläge, deren Umsetzung alsbald erfolgten sollte. Neben der Forderung nach freien Wahlen und der Einsetzung eines Untersuchungsausschusses zu den Ereignissen des 7. Okto-

^ *Trotz Mauerfalls geht die Revolution weiter. Noch immer herrscht die SED, der Widerstand dagegen reißt nicht ab.*

ber gehörte dazu vor allem ein Punkt: die Einrichtung eines Runden Tisches, an dem Vertreter der Bürgerbewegung und der alten Macht gleichberechtigt über das weitere Vorgehen beraten und entscheiden würden. Eine derartige Forderung war noch vor wenigen Wochen unvorstellbar gewesen, nun sollte sie Realität werden. Nach zähen Verhandlungen über die Zusammensetzung eines solchen Runden Tisches und trotz Gegenwehr der SED stand der Termin für seine erste Sitzung Ende November fest: Ab dem 7. Dezember sollte er im Bonhoeffer-Haus der evangelischen Kirche in Berlin-Mitte tagen. Damit war das erste Mal überhaupt in der Geschichte der DDR ein pluralistisches Plenum auf zentraler Ebene durchgesetzt.

Nahezu zeitgleich geriet ein weiterer Entwicklungsstrang immer mehr in den Blickpunkt der Öffentlichkeit und sollte wachsende Bedeutung erlangen. Als am 13. November die Volkskammer tagte, trat erstmals seit unzähligen Jahren auch der greise Minister für Staatssicherheit, Erich Mielke, an das Pult im Palast der Republik und ergriff das Wort. Seit dem Rücktritt der Regierung eine knappe Woche zuvor amtierte er ohnehin nur noch auf Abruf, doch jetzt schien ihn das Verlangen nach Rechtfertigung zu packen. Der Auftritt geriet zur Farce. Jeder im Saal wusste, dass die Staatssi-

^ *Die SED ist stark verunsichert, der vorsichtige Dialog mit der Bevölkerung bricht ab. Eine Lösung muss her.*

cherheit seit Gründung der DDR im Hintergrund die Fäden gezogen und die Macht der SED unter Einsatz aller legalen wie illegalen Mittel abgesichert hatte. Dazu hatte sie das Land mit einem Spitzelnetz überzogen, jeden Widerstand im Keime erstickt, unzählige Personen verhaftet, eingesperrt und drangsaliert. Weder an die Gesetze der DDR noch an sonstige rechtliche Regelungen hatte sie sich dabei gehalten. Und, die Erinnerung daran war noch frisch, die Staatssicherheit war am 7. Oktober wesentlich am brutalen Vorgehen gegen die friedlichen Demonstranten beteiligt gewesen. Und nun tat Mielke seine Sicht der Dinge kund. Die Anwesenden kamen aus dem Staunen nicht mehr heraus. Mielke, einen mehr als nur leicht verwirrten Eindruck hinterlassend, versuchte ein Bild vom MfS zu zeichnen, das stets im Interesse der Menschen gehandelt habe, die SED stets auf den richtigen Weg zu führen versuchte und mit ihrem Wirken ohnehin nur die Wirtschaft der DDR zu stärken beabsichtigte. Als sich Protest gegen seine Worte regte, wurde es vollends absurd. Denn Mielke erklärte nun, dass er alle Menschen lieben würde und bat flehentlich darum, dass man ihm doch Glauben schenkt. Das sollte sein letzter großer Auftritt sein, und seine früheren Mitarbeiter packte das blanke Entsetzen. Denn das MfS war mittlerweile zu einem der wichtigsten Ziele des zivilgesellschaftlichen Protests auf den Straßen

^ *Am 7. Dezember 1989 tagt erstmals der Zentrale Runde Tisch. Vertreter der neuen Gruppen erzwingen eine Machtteilung.*

geworden, nun hatte es sich auch noch lächerlich gemacht. Das Elitenbewusstsein seiner Mitarbeiter war dahin.

Dabei schienen die Dinge gar nicht so schlecht zu laufen. Bereits am 6. November hatte Mielke einen Befehl erteilt, der das Überleben unter neuen Bedingungen sichern sollte. Zum einen waren demnach – wie überall im Land – die Kreisdienststellen des Ministeriums im Stadtgebiet Ost-Berlins zu schließen. Da sich sechs der elf Dienststellen ohnehin im zentralen Komplex des MfS im Stadtteil Lichtenberg befanden, wurden die anderen fünf ohne großes Aufsehen leer geräumt und ebenfalls nach Lichtenberg überführt. Weitaus wichtiger war der zweite zentrale Punkt des Befehls. Er sah schlicht vor, dass Unterlagen aus der Arbeit der vergangenen Jahrzehnte vernichtet werden müssten. Das Ziel dieser Bemühungen war nur all zu deutlich: Spuren sollten so weit wie möglich beseitigt, Hinweise auf das rechtsstaatswidrige Handeln des MfS verschleiert werden. Was folgte, war eine regelrechte Welle von Aktenvernichtungen, die auf jede nur erdenkliche Art erfolgte: Unterlagen wurden verkollert, zerstückelt, verbrannt, untergepflügt, auf Müllhalden verteilt. Doch das fiel auf, und die ohnehin mobilisierte Bevölkerung war nicht mehr bereit, sich das gefallen zu lassen.

Daraus entstand wiederum eine Dynamik, die keiner erwartet hatte. Inzwischen war Modrow Premier. Zu seinem

^ *Die Staatsmacht gibt sich keineswegs geschlagen. Sie taktiert, versucht zu bremsen und die eigene Position zu festigen.*

Amtsantritt besuchte er auch die Führungsetage des MfS und gab dort zu verstehen, dass er die Existenz der Staatssicherheit – wenn auch in veränderter Form – zu gewährleisten gedachte. Hoffnung machte sich unter den Geheimpolizisten breit, eine Umbenennung des Ministeriums zum Amt für Nationale Sicherheit (AfNS) erfolgte am 15. November. So sollte mit einem Federstrich die fragwürdige Vergangenheit entsorgt werden, und auch die Aktenvernichtung lief weiter, die Schornsteine in den Dienststellen hörten nicht mehr auf zu rauchen.

Genau das sollte der Geheimpolizei zum Verhängnis werden. Zwischenzeitlich waren für ausscheidende Mitarbeiter großzügige Übergangsgelder genehmigt worden, ihre Eingliederung in zivile Arbeitsbereiche sollte bevorzugt erfolgen. Als das öffentlich bekannt wurde, sorgte es für reichlich Unmut, nicht jedoch für konkrete Aktivitäten. Aber die qualmenden Schornsteine brachten das Fass zum Überlaufen. Die Bevölkerung hatte sich die Straßen erobert, die SED zum Rückzug gezwungen und den Fall der Mauer erreicht – und der Sicherheitsdienst der Partei arbeitete offensichtlich weiter ungestört daran, Beweise für begangenes Unrecht zu vernichten. Ab dem 4. Dezember wurde dem effektiv Einhalt geboten. Ausgehend vom thüringischen Erfurt besetzten aufgebrachte Bürger überall im Land die Dienststellen

^ *In Erfurt wird am 4. Dezember 1989 erstmals eine Dienstelle der Staatssicherheit besetzt. Andere Orte folgen.*

des AfNS, erzwangen ein Ende der Aktenvernichtung und leiteten die zivile Kontrolle des Amtes ein. Wie sich später erweisen sollte, wussten die Geheimdienstler vielfach, weitere Unterlagen zu beseitigen und die Bürger über wahre Zusammenhänge innerhalb und außerhalb der Dienststellen zu täuschen. Das ändert jedoch wenig am Verdienst der Besetzer. Sie hatten abermals zivilgesellschaftliches Engagement gezeigt und so die weitere Vernichtung wichtigen Schriftgutes verhindert.

In Berlin nahm die Demontage des vormaligen Staatssicherheitsdienstes aus verschiedenen Gründen einen etwas anderen Verlauf. Hier, und nur hier, befand sich neben den bezirklichen Strukturen auch die Zentrale des Amtes, was die Situation unübersichtlicher gestaltet. Dass West-Berlin direkt vor der Haustür lag, nutzten die Geheimdienstler geschickt, um Angst vor Spionage und Sabotage zu schüren. Und nicht zuletzt sollte der Zentrale Runde Tisch der DDR im Ostteil der Stadt tagen. Von ihm wurden richtungsweisende Entscheidungen erwartet, daher erfolgte ein etwas zurückhaltenderes Agieren als andernorts, um den zerbrechlichen Mindestkonsens zwischen SED und neuen Institutionen nicht zu gefährden. All das bedeutete jedoch nicht, dass es keine Schritte gab, um zivilgesellschaftliche Kontrolle über das Amt zu erlangen. Bereits am 4. Dezember hatte eine erste Gruppe aus der Bürgerbewegung den

^ *Auch in Berlin gibt es Bemühungen um die Kontrolle der Staatssicherheit. Bis Mitte Januar geschieht jedoch nur wenig Greifbares.*

Mit *Fantasie* gegen Stasi und Nasi

Aktionskundgebung: 15. Januar um 17 Uhr

Das Neue Forum Berlin ruft für den 15. Januar 1990 um 17.00 Uhr zur Aktionskundgebung vor dem Stasi-Gebäude Ruschestraße auf.

Wir fordern:

Sofortige Schließung aller Stasi-Einrichtungen
Hausverbot für alle Stasi-Mitarbeiter
Einleitung von Ermittlungsverfahren gegen das MfS
Offenlegung der Befehlsstrukturen zwischen SED und Stasi
Stasi in die Volkswirtschaft
Keine Sonderzahlungen und Privilegien für ehemalige Stasi-Mitarbeiter
Keine Bildung von neuen Geheimdiensten

Schreibt Eure Forderungen an die Mauern der Normannenstraße!
Bringt Farbe und Spraydosen mit!
Wir schließen die Tore der Stasi!
Bringt Kalk und Mauersteine mit!

Mit *Fantasie* und ohne Gewalt

Zutritt zum Gebäude der Zentrale zwischen Frankfurter Allee und Normannenstraße erzwungen und mit der Führungsspitze des AfNS verhandelt. Unmittelbare Folge war eine Begehung des Objektes durch Journalisten und Bürger am nächsten Tag. Damit war Öffentlichkeit hergestellt, was zuvor eine elementare Forderung gewesen war. Auch hier sollte sich später zeigen, dass diese Öffentlichkeit nur partiell gewährt wurde, doch vorerst war ein wichtiger Schritt

^ *Das „Neue Forum" lädt für den 15. Januar 1990 zu einer folgenreichen Demonstration vor die Zentrale der Geheimpolizei.*

getan. Mitte des Monats trafen zudem erstmals Vertreter unterschiedlicher Gruppierungen mit einem Regierungsbevollmächtigten zusammen, um auch die Auflösung der Berliner Bezirksverwaltung in der Lichtenberger Straße der Befreiung voranzutreiben; am 19. Dezember nahm ein zuvor gegründeter Kontrollausschuss einen ersten Rundgang durch das Gebäude vor. Während die Auflösung der bezirklichen Strukturen nun schrittweise vorangetrieben wurde, arbeitete die Zentrale nach den Begehungen fast ungestört weiter. Am 14. Dezember hatte der Ministerrat der DDR das Amt für Nationale Sicherheit noch einmal umbenannt, nun sollten ein Nachrichtendienst und ein Verfassungsschutz gebildet werden. Personelle Veränderungen gingen damit nicht einher, was allen verdeutlichte, dass es sich abermals um eine rein kosmetische Korrektur handelte, die lediglich das Amt retten sollte.

Zum Jahreswechsel 1989/90 verschärften sich die Auseinandersetzungen zwischen den einzelnen Akteuren wegen des Umgangs mit dem Geheimdienst. Als am 15. Januar 1990 schließlich verschiedene Handlungsstränge zusammenflossen, endete auch die Arbeit der zentralen Diensteinheit sehr plötzlich. Auf Initiative des Neuen Forums versammelten sich immer mehr Demonstranten vor dem Gebäude, während sich unabhängig davon bereits eine Kontrollgruppe im Inneren befand. Als der Druck von der Straße zu groß wurde,

^ *Die Stasi-Zentrale wird besetzt. Erinnert wird dabei auch an Matthias Domaschk, der 1981 in MfS-Haft gestorben war.*

öffneten sich die Tore, die Besetzung der Zentrale des Geheimdienstes war nicht mehr zu verhindern. Dabei gingen einige Scheiben zu Bruch und Akten wurden zerstreut, insgesamt aber blieb es erstaunlich friedlich. Wer das Gewirr ansonsten für andere, ganz eigene Zwecke nutzte, bleibt bis heute umstritten.

Mit dem 15. Januar 1990 war dem Geheimdienst der Kopf genommen. Nicht ohne Gegenwehr und mit zahlreichen Problemen behaftet vollzog sich der folgende Auflösungsprozess nun recht schnell. Die zur Partei des Demokratischen Sozialismus (PDS) mutierte SED ließ ihr vormaliges »Schild und Schwert« fallen, was den Erosionsprozess nachhaltig beschleunigte. Bereits Anfang März konnte in Ost-Berlin die vollständige Auflösung der Bezirks- und Kreisämter vermeldet werden, Ende des Monats galt das auch für die Zentralebene. Einzig die als Auslandsgeheimdienst deklarierte Hauptverwaltung Aufklärung existierte noch drei weitere Monate, dann war endgültig Schluss. Ein Apparat mit fast 90 000 hauptamtlichen Mitarbeitern, der noch ein Jahr zuvor unantastbar erschien, war im Verlaufe der Friedlichen Revolution in die Knie gezwungen worden. Dabei wurden ohne Zweifel Fehler gemacht, doch dass dies gewaltlos erfolgte und keine aktive Gegenwehr zuließ, kann kaum hoch genug geschätzt werden.

^ *Ministerpräsident Hans Modrow (SED/PDS) versucht vergeblich, die Demonstranten am Eindringen in die Gebäude zu hindern.*

An dem Auflösungsprozess hatte der Zentrale Runde Tisch wesentlich mitgewirkt, der zugleich zahlreiche weitere Aufgaben wahrnahm. Paritätisch mit Vertretern alter und neuer Parteien und Sammlungsbewegungen besetzt, wurde er zum Brennpunkt der Auseinandersetzung zwischen beiden Kräften. Seine Sitzungen wurden live im Fernsehen übertragen, bereits zur zweiten Beratung war aus Platzgründen ein Umzug in das Schloss Niederschönhausen notwendig. Seine

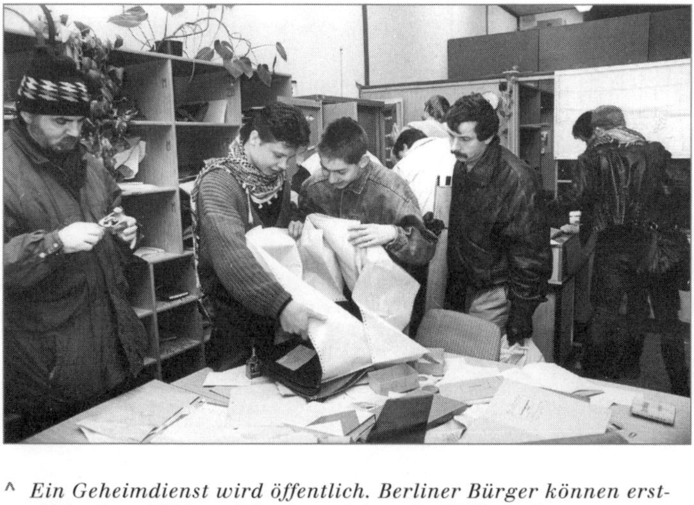

^ *Ein Geheimdienst wird öffentlich. Berliner Bürger können erstmals einen Blick auf das Innenleben des MfS werfen.*

wichtigste Aufgabe war die Schaffung von Voraussetzungen für eine demokratische Wahl, doch seine Bedeutung reichte weiter. So schuf er – wie auch die unzähligen regionalen Runden Tische, die überall im Land entstanden – Öffentlichkeit. In einem Staat, dessen Führung über 40 Jahre hinweg das Informations- und Meinungspotential innehatte, war das ein klarer Bruch mit der Vergangenheit. Diese Öffentlichkeit bot den neuen Bewegungen zugleich die Möglichkeit, größere Bekanntheit zu erlangen und so den Aufbau eigener Strukturen voranzutreiben. Obwohl sich alle einig waren, dass es möglichst schnell Wahlen geben müsse, waren logistisch allein die SED und ihre vormals Verbündeten in der Lage, auf die dafür notwendigen Voraussetzungen zurückzugreifen. Zu schnelle Wahlen hätten die aus der Bürgerbewegung hervorgegangenen Zusammenschlüsse klar benachteiligt, denn es fehlte an allem: Büros, Technik, Ressourcen, Erfahrung. Faktisch waren die Vereinigungen ohnehin in einer prekären Situation, denn ihnen fehlte zumeist eine offizielle Zulassung. Da die DDR bis 1990 kein Parteiengesetz kannte, war eine solche Zulassung auch schwer zu bewerkstelligen. Immerhin hatte die SED-Spitze am 1. Dezember 1989 ihren politischen Führungsanspruch aus der Verfassung gestrichen, die Anerkennung des Runden Tisches bedeutete zudem die faktische, wenn auch nicht formelle Anerkennung aller beteiligten Gruppen.

Wie nicht anders zu erwarten, verliefen die Sitzungen des Zentralen Runden Tisches äußerst kontrovers. Die SED klammerte sich nach wie vor an ihre Macht, die neuen Vereinigungen kämpften genau dagegen an und nutzten zugleich die Gelegenheit, die Verantwortung der SED für den maroden Zustand der DDR herauszustreichen. Gerade an den Auseinandersetzungen um die Staatssicherheit zeigte sich, wie gegensätzlich die Standpunkte waren, doch das galt auch für die meisten anderen Sachfragen. Daher kam auch der ursprünglich geplante Entwurf einer neuen DDR-Verfassung nicht zustande, obwohl verschiedene Papiere dazu kursierten. In den insgesamt 16 Sitzungen vermochten es die Beteiligten jedoch, das angestrebte Wahlgesetz sowie weitere rechtliche Regelungen auszuarbeiten, die von der Volkskammer verabschiedet und somit bindend wurden. Der Termin für die nächsten Volkskammerwahlen wurde

schließlich auf den 18. März 1990 festgelegt. Es sollten die ersten freien Wahlen seit mehr als 40 Jahren werden.

Politisch wiesen die Zeichen seit spätestens November 1989 in Richtung Wiedervereinigung. Mit der Vorlage eines 10-Punkte-Programms Ende des gleichen Monats erhöhte

^ *Wahlkampf. Im Vorfeld der freien Volkskammerwahl vom 18. März 1990 entwickelten sich vielfältige Aktivitäten.*

der bundesdeutsche Kanzler Helmut Kohl dahingehend den Entscheidungsdruck auf die politisch Verantwortlichen in der DDR und wusste sich dabei in Übereinstimmung mit der Mehrheit der dortigen Bevölkerung. Unumstritten aber war die Idee eines einheitlichen deutschen Staates keineswegs. Nicht nur Vertreter der SED oder sonstige Profiteure der sozialistischen DDR lehnten diese Idee entschieden ab. Auch von anderer Seite, etwa dem Neuen Forum, kam Kritik. Sie richtete sich gegen die Übernahme des kapitalistischen Gesellschaftsmodells und bevorzugte stattdessen einen so genannten »dritten Weg«. Wie genau er aussehen und wie er realisiert werden sollte, konnte freilich niemand sagen. Ohnehin waren derartige Planspiele bloße Makulatur, denn die Bevölkerung zeigte nachdrücklich, dass sie eine zeitnahe Vereinigung beider Staaten wünschte. Noch immer verließen die Menschen in Massen die DDR, Streikgerüchte kursierten, es kam zu Engpässen in der medizinischen Versorgung, die wirtschaftlichen Probleme verschärften sich, eine langfristige Planung war unter diesen Umständen schlicht unmöglich.

Auch die SED befand sich in einem Erosionsprozess, litt unter einem massiven Mitgliederschwund und sah in eine ungewisse Zukunft. Aber in Mechanismen der Machtbewahrung trainiert, legte sie im Dezember 1989 die Voraussetzungen, um auch unter veränderten Bedingungen eine Rolle spielen zu können. Nachdem schon zuvor große Teile

^ *Wohlstand statt Sozialismus: Diesem Wahlspruch stimmte die Mehrheit der DDR-Bevölkerung letztlich zu.*

der alten Führungsriege ihrer Ämter enthoben und später auch aus der Partei ausgeschlossen wurden, fielen auf einem Sonderparteitag grundlegende Entscheidungen: die Partei sollte fortan Sozialistische Einheitspartei Deutschlands – Partei des Demokratischen Sozialismus heißen (SED-PDS, ab Februar 1990 nur noch PDS) und die Führungsriege wurde vollständig neu gewählt. Damit war der personelle Umbruch vollzogen, inhaltlich hingegen blieben die Veränderungen eher marginal.

^ *24 Vereinigungen stellten sich am 18. März zur Wahl, darunter auch das Bündnis 90.*

Einen formalen Bruch mit der Vergangenheit vollzogen auch die bisher in strikter Abhängigkeit von der SED existierenden politischen Kräfte, die Blockparteien. Die Spitzenfunktionäre wurden ausgetauscht und der Sozialismus als Ziel aus den Parteistatuten gestrichen – ansonsten blieb vieles beim Alten. Bestens mit Ressourcen ausgestattet und bald auch von den westdeutschen Parteien umworben, vermochten sie nicht nur ihr Überleben zu sichern, sondern spielten schon bei den Volkskammerwahlen im März 1990 eine gewichtige Rolle.

Vorerst aber galt es, der wirtschaftlich wie gesellschaftlich prekären Situation Herr zu werden. Um dem veränderten politischen Kräfteverhältnis zu entsprechen und die Verantwortung auf verschiedene Schultern zu verteilen, bot daher Ministerpräsident Modrow der Opposition am 22. Januar 1990 die Mitarbeit in der Regierung an. Anfang Februar wurde daraufhin die »Regierung der Nationalen Verantwortung« berufen, in der sich auch acht Minister ohne Geschäftsbereich befanden, die aus den Reihen der Bürgerbewegung kamen. Damit übernahmen oppositionelle Protagonisten Regierungsverantwortung – ein Umstand, der nur wenige Monate zuvor vollkommen undenkbar war.

In Erwartung der Volkskammerwahl hatte es seit Ende des Jahres 1989 eine wahre Gründungswelle von Parteien

^ *Der Vorsitzende des DA, Wolfgang Schnur, im Wahlkampf. Später wurde er als Inoffizieller Mitarbeiter des MfS enttarnt.*

und anderen Vereinigungen gegeben, die ebendort antreten wollten und fast durchgängig die deutsche Einheit in ihrem Programm hatten. Selbst die zur PDS mutierte SED erkannte dieses Ziel nach Rücksprache mit Moskau nun an, ging aber von einem langfristigen und abgestuften Verfahren aus. Doch schon Mitte Februar vereinbarten beide deutsche Staaten die Einsetzung einer gemeinsamen Expertenkommission, die eine Währungsunion und eine Wirtschaftsgemeinschaft zwischen den zwei Ländern vorbereiten sollten. Die ebenfalls im Februar getroffene Vereinbarung, mit den Alliierten des Zweiten Weltkrieges, in »Zwei-plus-Vier-Verhandlungen« über außenpolitische Aspekte der Einheit zu sprechen, zeigte, dass sich trotz vorhandener Vorbehalte auch international der Spielraum für einen solchen Schritt erweiterte. Eines war klar: Ohne die Zustimmung der Alliierten würde es keine Wiedervereinigung geben, konkrete Verhandlungen dazu konnte aber erst eine demokratische legitimierte Regierung der DDR aufnehmen.

Als die Bevölkerung der DDR am 18. März an die Wahlurnen trat, um ihre Stimme für die Volkskammer abzugeben, wartete die Öffentlichkeit gespannt auf das Ergebnis. Denn davon hing es wesentlich ab, wie der weitere Weg verlaufen würde. Im Vorfeld hatten sich zahlreiche Wahlbündnisse konstituiert: In der konservativen »Allianz für Deutschland«

^ *Eine weitere kurze Karriere. Auch der Vorsitzende der SPD, Ibrahim Böhme, hatte zu DDR-Zeiten mit dem MfS angebandelt.*

waren die frühere Blockpartei CDU, der im Herbst gegründete Demokratische Aufbruch und die erst im Januar entstandene Deutsche Soziale Union (DSU) vereint. Die Oppositionsgruppen Neues Forum, Demokratie jetzt und Initiative für Frieden und Menschenrechte traten als »Bündnis 90« auf, und die Liberaldemokratische Partei Deutschlands (LDPD), eine frühere Blockpartei, schoss sich mit der neu gegründeten Freien Demokratischen Partei (FDP) zusammen. Insgesamt standen 24 unterschiedliche Vereinigungen zur Wahl, erstmals konnten sich die DDR-Bürger tatsächlich zwischen verschiedenen Alternativen entscheiden. Allgemein wurde ein deutlicher Wahlsieg der Sozialdemokraten erwartet, doch es kam anders. Nach Auszählung aller Stimmen gab es einen eindeutigen Gewinner: die »Allianz für Deutschland«. Sie konnte alle Mitbewerber weit hinter sich lassen und errang fast 50 Prozent der Stimmen. Die Sozialdemokraten kamen als zweitstärkste Kraft auf knapp 22 Prozent, die PDS auf gut 16 Prozent. »Das Bündnis 90« hingegen, in dem drei der wichtigsten Impulsgeber für die Friedliche Revolution vereint waren, verbuchte lediglich etwa drei Prozent der abgegebenen Stimmen.

Die Botschaft dieses Wahlausgangs war eindeutig. Mit dem Slogan »Freiheit und Wohlstand – nie wieder Sozialismus!« angetreten, hatte das siegreiche Wahlbündnis intensiv für eine schnelle Vereinigung beider deutscher Staaten geworben. Dieser Schritt sollte auf dem Wege eines Beitritts der DDR zum Geltungsbereich des bundesdeutschen Grundgesetzes erfolgen, eine gleichberechtigte Konföderation und ähnliche Modelle wurden strikt abgelehnt. Offensichtlich war es das, was auch die Wähler wünschten. Mit dem 18. März 1990 war die Friedliche Revolution an einen Endpunkt gelangt und die Weichen in Richtung Einheit endgültig gestellt. Vorbehaltlich einer Zustimmung der Alliierten war die Frage jetzt nicht mehr, ob, sondern wie schnell die staatliche Einheit kommen würde.

^ *Geschichte im Ausverkauf. Kurzzeitig erzielten Devotionalien aus der DDR Spitzenpreise.*

DIE VOLLENDUNG DER STAATLICHEN EINHEIT

SOMMER 1990

Nachdem sich die Regierungsbildung zunächst recht schwierig gestaltet hatte, konstituierte sich Mitte April 1990 eine Große Koalition aus der siegreichen »Allianz für Deutschland« sowie der SPD und den Liberalen. Die Einigung auf ein derart breites Bündnis entsprang nicht zuletzt dem Wissen um die anstehenden, kaum zu bewältigenden Aufgaben. Das Votum der Wähler war eindeutig gewesen, nun galt es, dieses umzusetzen. Das hieß vor allem, die staatliche Einheit Deutschlands schnellstmöglich zu realisieren. Und so betonte der erste frei gewählte Ministerpräsident der DDR, Lothar de Maizière, in seiner Regierungserklärung am 19. April den Übergangscharakter seines Kabinetts und verdeutlichte zugleich das zentrale Ziel der politischen Arbeit:

> »Und aus dem Ruf ›Wir sind das Volk!‹ erwuchs der Ruf ›Wir sind ein Volk!‹. Das Volk in der DDR konstituierte sich als Teil eines Volkes, als Teil des einen deutschen Volkes, das wieder zusammenwachsen soll. Unsere Wähler haben diesem ihrem politischen Willen in den Wahlen vom 18. März 1990 deutlich Ausdruck verliehen. Dieser Wille verpflichtet uns. Ihn so gut wie nur möglich zu erfüllen ist unsere gemeinsame Verantwortung.«[1]

Nun galt es, ein Land, dessen territoriale Strukturen, politische Kultur und gesellschaftliche Prägung sich fun-

1 Neues Deutschland, 20.4.1990, S. 5f.

< *28 Jahre lang hatte sie Berlin und zwei politische Systeme getrennt, jetzt wurde sie immer löchriger: die Mauer.*

damental von denen der Bundesrepublik unterschieden, auf eine staatliche Vereinigung vorzubereiten. Zwar gab es noch immer öffentliche Debatten, auf welchem Weg eine solche Vereinigung stattfinden sollte, doch war dies mit dem Ausgang der Wahl faktisch entschieden: nach Artikel 23 des westdeutschen Grundgesetzes, der einen Beitritt der DDR zur Bundesrepublik vorsah. Dafür waren zwei Schritte vor-

^ *Erich Honecker: vor wenigen Monaten noch erster Mann von Partei und Staat, nun ein Fall für den Trödelmarkt.*

gesehen. Zunächst sollte eine Währungs-, Wirtschafts- und Sozialunion die notwendigen Voraussetzungen für eine Vereinigung beider Länder schaffen. Für die Bevölkerung der DDR hieß das vor allem, dass die energisch geforderte D-Mark der Bundesrepublik die eigene Währung ersetzte und so zum offiziellen Zahlungsmittel wurde. Zugleich wurde damit ein wirtschaftlicher Transformationsprozess eingeleitet, in dessen Verlauf erst richtig deutlich wurde, wie marode die Ökonomie der DDR tatsächlich war. Das sollte unzählige Arbeitnehmer ihre Stelle kosten.

Am 1. Juli 1990 trat der Staatsvertrag über die Währungs-, Wirtschafts- und Sozialunion in Kraft. Es mangelte nicht an mahnenden Stimmen, die vor negativen Folgen warnten, doch die übergroße Anzahl der DDR-Bevölkerung begrüßte diesen Schritt. Vor den Banken bildeten sich lange Schlangen, als die Bürger daran gingen, ihre Konten nach zuvor festgelegten Wechselkursen von der ost- auf die westdeutsche Währung umzustellen. Die Geschäfte füllten sich schlagartig mit Produkten aus der Bundesrepublik, die West-Berliner Läden wurden regelrecht überrannt. Zugleich übernahm die DDR zahllose westdeutsche Gesetze, die Grenzkontrollen zwischen beiden Ländern wurden abgeschafft. Bereits zuvor hatte die Volkskammer das so genannte Treuhandgesetz verabschiedet, das die Umwandlung der ostdeutschen Wirtschaft nach den Regeln der Marktwirtschaft festlegte.

^ *Der Todesstreifen im Bereich der Mauer sollte sich alsbald vom Niemandsland zum begehrten Spekulationsobjekt entwickeln.*

Erst nach der Umsetzung dieser Maßnahmen war als zweiter Schritt die staatliche Vereinigung vorgesehen. Sie gestaltete sich, wie kaum anders zu erwarten, schwierig. Vor allem war die Zustimmung der Siegermächte des Zweiten Weltkrieges zwingend notwendig. Von den Westalliierten hatten Großbritannien und Frankreich aus historischen Gründen starke Vorbehalte, die Sowjetunion fürchtete hingegen den Verlust ihres Einflusses in Mitteleuropa. Doch bereits im Februar 1990 hatte man sich zur Klärung der offenen Fragen grundlegend auf die Ausrichtung von »Zwei-plus-Vier-Verhandlungen« (der vier Siegermächte plus der zwei deutschen Staaten) geeinigt. Und sie erbrachten tatsächlich das von den Deutschen gewünschte Ergebnis. Wichtige Voraussetzung dafür war die endgültige Anerkennung der Oder-Neiße-Grenze zu Polen durch beide deutsche Staaten, die Vorbehalte anderer europäischer Länder beseitigte. Zentraler Streitpunkt blieb lange Zeit die Frage, in welche Bündnisse das vereinigte Deutschland eingebunden sein dürfe. Erst Mitte Juli stimmte Gorbatschow dessen Mitgliedschaft im westlichen Militärpakt, der NATO, zu. Als sich am 12. September 1990 in Moskau schließlich alle Beteiligten auf den »Vertrag über die abschließende Regelung in Bezug auf Deutschland« einigten, war der weitere Weg frei.

Ein zweiter, am 31. August zwischen der Bundesrepublik und der DDR unterzeichneter Staatsvertrag, der so genann-

^ *Gegen den Versuch, die Einsichtnahme in die MfS-Unterlagen wieder zu beschränken, regte sich entschlossener Widerstand.*

te Einigungsvertrag, regelte die bilateralen Einzelheiten des Prozesses. Ostdeutsche Rechtsnormen wurden dadurch weitestgehend außer Kraft gesetzt aber auch Änderungen des Grundgesetzes festgeschrieben. Der Vertrag sah für das Gebiet der DDR die Bildung von Bundesländern (statt der seit 1952 existierenden Bezirke) vor, legte Maßnahmen für die öffentliche Verwaltung fest, regelte Vermögens- und Schuldenfragen und vieles andere mehr. Berlin wurde darin als einheitliches Bundesland sowie als deutsche Hauptstadt definiert. Über den Sitz von Parlament und Regierung sollte

^ *Im September 1990 besetzten Bürgerrechtler abermals die MfS-Zentrale – um den weiteren Zugang zu den Akten zu sichern.*

hingegen zu einem späteren Zeitpunkt entschieden werden. Nicht zuletzt war im Vertrag der Zeitpunkt der staatlichen Vereinigung festgeschrieben: der 3. Oktober 1990. Ab sofort sollte der 3. Oktober zudem als Tag der Deutschen Einheit alljährlich gesetzlicher Feiertag sein.

Im Zusammenhang mit dem Einigungsvertrag erhielt abermals eine Frage Brisanz, die eigentlich schon geklärt schien. Im August 1990 hatte die ostdeutsche Volkskammer gesetzliche Regelungen zum Umgang mit den Unterlagen des früheren Ministeriums für Staatssicherheit getroffen, die einen relativ freien Zugang zu selbigen garantieren sollten. Der Einigungsvertrag zielte hingegen in die andere Richtung. Um mögliche Konflikte zwischen Opfern und Tätern der SED-Diktatur zu vermeiden, sollte die Einsichtnahme in die Überlieferungen der Geheimpolizei nun wieder deutlich erschwert werden. Doch dagegen rührte sich entschlossener Widerstand, denn nicht zuletzt war die Forderung nach öffentlicher Kontrolle eine wesentliche Triebkraft der Friedlichen Revolution gewesen. Anfang September 1990 besetzten daraufhin Bürgerrechtler die ehemalige Zentrale des MfS in Ost-Berlin, traten in den Hungerstreik und erhielten prominente Unterstützung. Mit ihrem Einsatz erreichten sie eine Zusatzvereinbarung zum Einigungsvertrag, die Betroffenen ein Einsichtsrecht in die Unterlagen garantierte und die weitere Aufarbeitung der SED-Diktatur sicherte. Das daraus folgende Stasi-Unterlagen-Gesetz sollte alsbald Modellcharakter für viele andere mittelosteuropäische Staaten erlangen.

Nachdem schon am 22. Dezember 1989 das Brandenburger Tor wieder für Passanten geöffnet und am 22. Juni 1990 das Wachhaus am innerstädtischen Grenzübergang Checkpoint Charlie entfernt worden war, endete am 2. Oktober 1990 nach 45 Jahren auch der Besatzungsstatus Berlins. Damit konnten die im Einigungsvertrag festgeschriebenen Regelungen bezüglich der Metropole umgesetzt werden, zeitgleich wurde die Ständige Vertretung der Bundesrepublik im bisherigen Ost-Berlin geschlossen. Am Abend des gleichen Tages versammelten sich vor dem Reichstagsgebäude nahezu eine Million Menschen, um am zentralen »Fest der Einheit« teilzuhaben. Um Mitternacht illuminierte ein Feuerwerk das Gelände, eine überdimensionale schwarz-

rot-goldene Fahne wird gehisst. Was viele Jahre als bloße Utopie erschien, war realisiert: die Vereinigung der beiden deutschen Staaten.

Verschwiegen werden darf an dieser Stelle nicht, dass die Freude darüber nicht gänzlich ungetrübt war. Schon im Vorfeld hatte es vernehmlichen, wenn insgesamt auch geringen Widerstand gegen den Einheitsprozess gegeben. Angeführt

^ *Eine bisher wenig Spezies hinterließ sichtbare Spuren im Stadtbild: die Mauerspechte.*

wurde er von der SED-Nachfolgepartei, doch auch Teile der ostdeutschen Bürgerbewegung und der westdeutschen Linken äußerten aus unterschiedlichen Gründen Bedenken. Immer wieder wurde in diesem Zusammenhang auf die dunklen Kapitel der deutschen Geschichte, insbesondere auf die Jahre 1933 bis 1945, verwiesen und vor einem neu erwachenden Revanchismus gewarnt. Daher hatten bei der Abstimmung über den Einigungsvertrag in der Volkskammer die PDS und Vertreter von Bündnis 90/Grüne gegen das Regelwerk gestimmt, und auch im Bundestag hatte es über zehn Prozent Gegenstimmen gegeben. Schließlich versammelten sich am Abend des 2. Oktober etwa 10 000 Demonstranten im Zentrum Ost-Berlins, um gegen die offiziellen Feierlichkeiten und das Ende der DDR zu protestieren. Doch das war nur eine Minderheit, die Freude überwog bei weitem. In Ost und West feierte die Bevölkerung die Einheit des Landes.

^ *Vom Volk zu Grabe getragen: die DDR.*

EPILOG

DIE FRIEDLICHE REVOLUTION

Die deutsche Einheit kam unverhofft, und sie war lange Zeit gar nicht das Ziel der Revolutionäre. Denn jene Bewegung, die sich ab dem Sommer des Jahres 1989 Bahn brach, zielte zunächst in eine andere Richtung: auf die Demokratisierung der politischen Strukturen innerhalb der DDR. Seit über vier Jahrzehnten herrschte die SED dort als Monopolpartei, die keineswegs gewillt war, ihre Macht zu teilen. Dagegen hatte es schon immer Widerstand gegeben, der freilich stets auf eine kleine Minderheit der Bevölkerung beschränkt blieb. Auch in den 1980er Jahren, als die Lage immer misslicher wurde, änderte sich daran nur wenig.

Doch dann geschah etwas. Ausgehend von der Sowjetunion machte sich im Ostblock Hoffnung breit. Hoffnung, dass es auch hier zu demokratischen Entwicklungen kommen könne, die das Selbstbestimmungsrecht des Einzelnen sichern und demokratische Grundrechte garantieren würden. Kaum ein Staat widersetzte sich derartigen Tendenzen so vehement wie die DDR. Seit dem Volksaufstand vom 17. Juni 1953 scheute die politische Führung des Landes nichts so sehr wie Veränderungen. Auch zu Beginn des Jahres 1989 herrschte daher die übliche Ruhe, Lethargie lag wie Mehltau über dem Land. Kaum jemand hätte zu diesem Zeitpunkt die Voraussage gewagt, dass sich in absehbarer Zeit Grundlegendes ändern würde. Und doch war wenige Monate später nichts mehr wie gewohnt.

Dass es dazu kam, war im Wesentlichen drei Ursachen geschuldet. Voraussetzung war, erstens, die sowjetische Re-

< *Einst ein Brennpunkt der Revolution, nun Ort der Erinnerung. Die Gethsemanekirche im Oktober 1990.*

formpolitik mit all ihren Folgen. Hätte Gorbatschow nicht deutlich gemacht, dass es für einen solchen Schritt keinerlei Unterstützung aus Moskau geben würde, dann hätte die SED-Spitze sehr viel leichter einen gewaltsamen Ausweg aus der Krise wählen können. Mit ihrem emphatischen Lob für das Massaker auf dem Pekinger Platz des Himmlischen Friedens gab sie eindeutig zu verstehen, dass dies durchaus eine Option sein könne. Doch ohne Unterstützung aus Moskau versprach auch dieser Weg nur wenig Erfolg. Vor diesem Hintergrund verstärkten sich im Jahresverlauf Entwicklungen, die essentiell für den Verlauf der kommenden Monate werden sollten. Die politische Opposition zeigte, dies war der zweite wichtige Punkt, ein wachsendes Selbstbewusstsein, trat an die Öffentlichkeit, vernetzte sich, koordinierte ihre Aktionen und gewann so zunehmend an Einfluss. War sie Anfang 1989 noch auf wenige Gruppierungen und eine überschaubare Anzahl von Aktivisten beschränkt, wuchs sie mehr und mehr, artikulierte die Forderungen der Bevölkerung und begann, die alte Macht immer direkter herauszufordern. Doch das allein hätte kaum zum Erfolg gereicht. Ein drittes Element musste hinzutreten: Immer mehr Bürger der DDR überwanden ihr jahrelanges Schweigen, verließen das Land, eroberten die Straßen und forderten energisch Veränderungen.

All das kam am 7. Oktober 1989 in Ost-Berlin zusammen: Gorbatschow mahnte vor den Folgen eines politischen Starrsinns, oppositionelle Gruppierungen protestierten gegen den Wahlbetrug vom Mai, und die Bevölkerung schloss sich dem an. Das Regime wusste sich nicht anders zu helfen, als mit Gewalt gegen die friedlichen Demonstranten vorzugehen. Die Bilder des brutalen Eingreifens gingen um den Globus. Spätestens seit den Botschaftsbesetzungen von Prag und Warschau schaute die Weltöffentlichkeit auf die Entwicklungen in der DDR, und hier zeigte sich wieder einmal, dass die kommunistische Monopolpartei keinerlei Rezepte für die Herausforderungen der modernen Welt besaß. Auf ihre Herrschaftsideologie, den Marxismus-Leninismus, gestützt und in jahrzehntelanger Herrschaftsausübung erstarrt, vermochten sich die Spitzenfunktionäre offensichtlich nicht einmal vorzustellen, dass ihre Macht endlich sein könnte.

Doch sie war es, wie sich sehr bald zeigen sollte. Immer mehr Protestzüge formierten sich, immer mehr Menschen verließen das Land, und immer prekärer wurde die Situation. Als die SED-Führung versuchte, effektiv gegenzusteuern, geriet das zum Desaster. Zu einer Änderung ihrer Politik nicht bereit, zog sie die Notbremse – und beschleunigte damit ihren eigenen Abstieg. Als ein überforderter Günter Schabowski am 9. November 1989 neue Reiseregelungen verkündete, provozierte er damit mehr zufällig als gewollt die Öffnung der Mauer in Berlin. Die Bevölkerung interpretierte seine Äußerungen nämlich auf ganz eigene Weise und sorgte noch in der gleichen Nacht dafür, dass das martialischste Symbol des Kalten Krieges fiel. Schon zuvor waren auf den Straßen der DDR Forderungen nach einer Vereinigung der beiden deutschen Staaten laut geworden, nun gewannen derartige Ansprüche gewaltig an Kraft. Die Macht der Protestzüge brach sich Bahn, und bald mussten das auch all jene Kräfte anerkennen, die auf einen Erhalt der DDR setzten.

Nicht hoch genug kann dabei geschätzt werden, dass all diese Prozesse friedlich verliefen. Das war kein Verdienst der Machthaber, sondern wurde diesen durch die vielfältigen Aktivitäten der Gegenkräfte abgetrotzt. Der Einsatz gegen das Regime blieb, auch das hatte nicht zuletzt der

^ *Wo kürzlich noch eine tödliche Grenze war, flanieren im vereinigten Berlin bald Touristen aus aller Welt.*

7. Oktober gezeigt, lange mit einem hohen persönlichen Einsatz verbunden. Während die große Montagsdemonstration in Leipzig zwei Tage später gewaltlos verlief, gab es zeitgleich andernorts durchaus Zwangsmaßnahmen gegen Teilnehmer von Protesten. Ironischerweise zeigte erst der Mauerfall dem Regime endgültig seine Grenzen auf. Ab sofort konnte jeder das Land kurzfristig verlassen, das schlicht auszubluten drohte.

Nun sah sich die SED unwiderruflich zum Einlenken gezwungen. An Runden Tischen trat sie mit der Opposition in Verhandlung, musste einer Demokratisierung des Landes zustimmen und freie Wahlen zulassen. Das war ihr Ende als Regierungspartei. Dabei zeigte sich im März 1990 zudem, was die überwiegende Mehrheit der DDR-Bevölkerung wünschte: eine schnelle Vereinigung der beiden deutschen Staaten. Auch in der Bundesrepublik stieß dieser Gedanke auf breite Unterstützung. In der Euphorie des Moments wurden viele der kommenden Probleme unterschätzt, doch grundlegend waren sich Ost- und Westdeutsche über die weitere Entwicklung einig. Nur wenige Monate später, am 3. Oktober 1990, hörte die DDR daher auf zu existieren.

All dies war kein Ergebnis einer von Egon Krenz so titulierten »Wende«. Nicht die Modifizierung der SED-Politik brachte Veränderungen hervor, sondern das aktive Eintreten von Oppositionsgruppen und Bevölkerung für Demokratie und das Recht auf Selbstbestimmung. Die bestehenden Verhältnisse wurden offen infrage gestellt, die Macht friedlich und erfolgreich herausgefordert. Das ist in der deutschen Geschichte ein Einzelfall. Insofern kommt der Friedlichen Revolution der Jahre 1989/90 eine ganz besondere Bedeutung zu.

^ *Ohne Worte.*

ANHANG

ABKÜRZUNGSVERZEICHNIS

AfNS	Amt für Nationale Sicherheit
CDU	Christlich-Demokratische Union
DA	Demokratischer Aufbruch
DDR	Deutsche Demokratische Republik
DJ	Demokratie jetzt
DSU	Deutsche Soziale Union
FDP	Freie Demokratische Partei
IFM	Initiative Frieden und Menschenrechte
IM	Inoffizieller Mitarbeiter (des MfS)
KPD	Kommunistische Partei Deutschlands
KPdSU	Kommunistische Partei der Sowjetunion
LDPD	Liberal-Demokratische Partei Deutschlands
MfS	Ministerium für Staatssicherheit
NATO	Nordatlantikpakt (North Altlantic Treaty Organization)
PDS	Partei des Demokratischen Sozialismus
Pkw	Personenkraftwagen
SBZ	Sowjetische Besatzungszone Deutschlands
SED	Sozialistische Einheitspartei Deutschlands
SDP	Sozialdemokratische Partei in der DDR
SPD	Sozialdemokratische Partei Deutschlands
z.B.	zum Beispiel

WEITERFÜHRENDE LITERATUR UND QUELLEN

Hannes Bahrmann/Christoph Links, Chronik der Wende. Die Ereignisse in der DDR zwischen 7. Oktober und 18. Dezember 1989, Berlin 1999

Hannes Bahrmann/Christoph Links, Chronik der Wende 2. Stationen der Einheit. Die letzten Monate der DDR, Berlin 1999

Arnd Bauerkämper, Die Sozialgeschichte der DDR, München 2005

Rainer Eppelmann/Bernd Faulenbach/Ulrich Mählert (Hg.), Bilanz und Perspektiven der DDR-Forschung, Paderborn 2003

Jens Gieseke, Mielke-Konzern. Die Geschichte der Stasi 1945–1990, Stuttgart/München 2001

Hans-Hermann Hertle, Chronik des Mauerfalls. Die dramatischen Ereignisse um den 9. November 1989, Berlin 2006

Hans Michael Kloth, Vom »Zettelfalten« zum freien Wählen. Die Demokratisierung der DDR 1989/90 und die »Wahlfrage«, Berlin 2000

Tina Krone (Hg.), »Sie haben so lange das Sagen, wie wir es dulden«. Briefe an das Neue Forum, September 1989 – März 1990, Berlin 1999

Ulrich Mählert, Kleine Geschichte der DDR, München 2006

Armin Mitter/Stefan Wolle (Hg.), »Ich liebe euch doch alle...«. Befehle und Lageberichte des MfS, Januar – November 1989, Berlin 1990

Ehrhart Neubert, Geschichte der Opposition in der DDR 1949–1989, Berlin 1997

Ehrhart Neubert, Unsere Revolution. Die Geschichte der Jahre 1989/90, München 2008

Michael Richter, Die Staatssicherheit im letzten Jahr der DDR, Weimar/Köln/Wien 1996

Jens Schöne, Erosion der Macht. Die Auflösung des Ministeriums für Staatssicherheit in Berlin, Berlin 2004

Jens Schöne, Stabilität und Niedergang. Ost-Berlin im Jahr 1987, Berlin 2006

Andre Steiner, Von Plan zu Plan. Eine Wirtschaftsgeschichte der DDR, München 2004

Walter Süß, Staatssicherheit am Ende. Warum es den Mächtigen nicht gelang, 1989 eine Revolution zu verhindern, Berlin 1999

Uwe Thaysen, Der Runde Tisch. Oder: Wo blieb das Volk?, Opladen 1990

Karsten Timmer, Vom Aufbruch zum Umbruch. Die Bürgerbewegung in der DDR 1989, Göttingen 2000

Unabhängige Untersuchungskommission Berlin, Und diese verdammte Ohnmacht. Report der Untersuchungskommission zu den Ereignissen vom 7. und 8. Oktober 1989 in Berlin, Berlin 1991

Stefan Wolle, Die heile Welt der Diktatur. Alltag und Herrschaft in der DDR 1971-1989, Berlin 1998

QUELLENNACHWEIS

ABBILDUNGSNACHWEIS

Die Darstellung beruht auf der Grundlage von Quellen aus folgenden Archiven:

Bundesarchiv

Bundesbeauftragte für die Unterlagen des Staatssicherheitsdienstes der ehemaligen DDR

Landesarchiv Berlin

Robert-Havemann-Archiv

Stiftung Archiv der Parteien und Massenorganisationen der ehemaligen DDR

Abbildungsnachweis
akg-images Frontcover; AP-Images S. 61; Archiv Berlin Story S. 117; Archiv Bundesstiftung Aufarbeitung, Bestand Uwe Gerig, Nr. 4621 S. 36o., Nr. 505 S. 37, Nr. 4582 S. 92u., Nr. 4560 S. 93o., Nr. 4561 S. 93u., Nr. 4547 S. 94o., Nr. 4570 S. 94u., Nr. 4603 S. 95; Bestand Rosemarie Gentges, Nr. 323 S. 42/43; Bestand Klaus Mehner, 85_0910_DDR-Kredite_01 S.34, 87_0527_POL_WP-Abruest_12 S. 35, 87_0628_EvKT_03 S. 36u., 87_0608_VP-Sperre_02 S. 38; Berliner Mauer-Archiv Hagen Koch S. 27; Bundesbildstelle S. 56/57, 60, 63, 96/97, Backcover (2.v.o., 4.v.o.); Landesarchiv Berlin S. 19, 23o., Landesarchiv/Klaus Lehnartz 92o., Landesarchiv/Horst Siegmann 24 (2), 25.; »Neues Deutschland« 8.5.1989 S. 49; picture-alliance/akg-images S. 17; Robert-Havemann-Gesellschaft S. 8, 11, 23u., 50, 69, 73, 75o., 76, 86, 90, 100, 104, 105, 106, 113, RHG BStU-Kopie 39o., 55, 66, 68, 70, 75u., 78/79, 89o., Günter Antrack 88u., André Böhm 83, 89u., Klaus Dombrowsky 133, Frank Ebert 65o., Jürgen Gernetz 74 (2), Jürgen Glanze 88o., Gerald Hahn 72u., Barbara Hanus 40, Harald Hauswald 87o., 114, Jürgen Hohmuth/zeitort.de 91u., Ann-Christine Jansson 9, Andreas Kämper 10, 98, 112, 118, 131, Andreas Klug 109u., Ralf Maro 6, Jürgen Nagel 81, 101, 120, Aram Radomski 41u., Jurino Reetz 41o., Hans-Jürgen Röder 51, Backcover (1.v.o.), Siegbert Schefke 39u., 44, 52, 80, 107, Hanno Schmidt 64, Michael Schroedter 87u., Backcover (3.v.o.), Christian Schulz 123, Thomas Schulz 125, Christian Thiel 122, Rolf Walter 65u., 72o. 109o., Matthias Weber 127, Rolf Zöllner 47, 102, 103, 108, 111, 115, 121, Gerald Zörner 128; »TAZ« 15.10.1979 S. 32, 33; Stadtmuseum Schloss Hoyerswerda, Bestand Gudrun Kubenz S. 28, 29

DANKSAGUNG

Es war eine Herausforderung der ganz besonderen Art, einen derart komplexen Vorgang wie die Friedliche Revolution auf sehr begrenztem Raum darzustellen. Dabei haben mich viele Kolleginnen und Kollegen unterstützt, die hier nicht einzeln genannt werden können. Stellvertretend danken möchte ich daher Martin Gutzeit, der als aktiv Beteiligter der Jahre 1989/90 immer ein offenes Ohr hatte, unzählige Hinweise gab und stets ein erhellendes Dokument aus seinem Privatarchiv zog, wenn mir Zusammenhänge unerklärlich erschienen. Ein besonderer Dank geht ferner an die Mitarbeiterinnen und Mitarbeiter der Archive. Insbesondere sei an dieser Stelle der Bundesstiftung Aufarbeitung und der Robert-Havemann-Gesellschaft gedankt, die (neben anderem) schnell und unkompliziert Fotos zur Verfügung gestellt haben.

Gewidmet sei das Buch meiner Familie; eine Familie, die es ohne die beschriebenen Ereignisse nicht geben würde: Hannelore und Volker, Inge und Fredy, Margarete Schatz sowie Claudia und Max.

BERLIN STORY VERLAG

Unter den Linden 26, 10117 Berlin

Erscheint im Winter 2008/2009

Sven Felix Kellerhoff

HAUPTSTADT DER SPIONE

GEHEIMDIENSTE IN BERLIN
IM KALTEN KRIEG

240 Seiten, 12,5 x 20,5 cm, Broschur
19,80 Euro
ISBN 13: 978-3-929829-74-7

Fast ein halbes Jahrhundert verlief die heißeste Front im Kalten Krieg quer durch Berlin. In den fünfziger Jahre lieferten sich die Geheimdienste von Nato und Warschauer Pakt ein fortwährendes Duell im Dunkeln, doch auch deutsche Spione mischten auf beiden Seiten mit: Erich Mielkes Stasi und Reinhard Gehlens Bundesnachrichtendienst zum Beispiel. Mit dem Bau der Mauer 1961 verlagerte sich der Schwerpunkt der Spionage, doch Berlin blieb bis zur Friedlichen Revolution die Hauptstadt der Spione.
Der Journalist Sven Felix Kellerhoff und der Historiker Bernd von Kostka beschreiben in ihrem ersten gemeinsamen Buch die vielfältige Tätigkeit verschiedener Geheimdienste in der Stadt.

SPIONE.BERLINSTORY.DE

BERLIN STORY VERLAG

Unter den Linden 26, 10117 Berlin

Udo Hesse

ALS NOCH OSTEN WAR

FOTOGRAFIEN AUS BERLIN-MITTE, PRENZLAUER BERG UND KÖPENICK IN DEN ACHTZIGER JAHREN

80 Seiten, s/w-Fotografien
22 x 27 cm, Broschur
19,80 Euro
ISBN 13: 978-3-929829-49-5

Ost-Berlin, März 1982. Der West-Berliner Fotograf Udo Hesse wird bei einer seiner Reisen in die DDR festgenommen, weil er den „Antifaschistischen Schutzwall“ fotografiert. 2007 erhält er Teile seines damaligen Filmmaterials zurück.

Einige der Bilder sind nun Teil dieser erweiterten Neuauflage mit Fotografien des real existierenden Sozialismus, wie ihn der Tagestourist im Ostteil Berlins erleben konnte. Einfühlsam und humorvoll fotografiert von einem aufmerksamen Beobachter des Alltags in dieser für einen Westler fast schon exotischen Welt.

WWW.ALS-NOCH-OSTEN-WAR.DE